Johannes Simang
Möglichkeiten der KI
Intelligenz ist das Tor zur Freiheit
Künstliche Intelligenz der Weg zur Kontrolle

Gewidmet:

Marcel Meuser

Johannes Simang

Möglichkeiten der Künstlichen Intelligenz

„Intelligenz ist das Tor zur Freiheit, Künstliche Intelligenz der Weg zur Kontrolle."

Ein Lesebuch

Bibliografische Information der Deutschen Nationalbibliothek: Die Deutsche Nationalbibliothek verzeichnet diese Publikation in der Deutschen Nationalbibliografie; detaillierte bibliografische Daten sind im Internet über dnb.dnb.de abrufbar.

Verlag: BoD · Books on Demand GmbH,
In de Tarpen 42, 22848 Norderstedt, bod@bod.de
Druck: Libri Plureos GmbH, Friedensallee 273,
22763 Hamburg

ISBN: 978-3-7597-9400-0

Inhalt

Anhang:

ChatGPT und **DeepSeek**

Vorwort

In einer Zeit, in der technologische Fortschritte in einem atemberaubenden Tempo voranschreiten, steht die Künstliche Intelligenz (KI) im Zentrum einer globalen Diskussion, die unsere Gesellschaft fundamental beeinflusst. Die Entwicklung von KI-Systemen ist nicht nur ein technologisches Phänomen, sondern auch ein kulturelles und ethisches Ereignis, das Fragen aufwirft, die weit über die reine Funktionalität hinausgehen. Es gibt wenige Themen, über die wir im Männerkreis mehr diskutiert haben.

China hat mit ‚Deep Seek' eine ernstzunehmende Konkurrenz zu dem weltweit führenden KI-Modell ‚ChatGPT' ins Leben gerufen. Während sich die Weltwirtschaft in einem Wettlauf um die besten KI-Lösungen befindet, zeigt Europa ebenfalls Ambitionen, eigene Modelle zu entwickeln und sich als ernstzunehmender Akteur in diesem Bereich zu positionieren. Die Dynamik dieses Wettbewerbs verdeutlicht, wie entscheidend KI für die Zukunft der Innovation und des Wissens ist.

Die Potenziale, die KI in nahezu allen wissenschaftlichen Disziplinen eröffnet, sind enorm. Sie bietet Lösungen für komplexe Probleme, die das menschliche Gehirn aufgrund seiner begrenzten Speicherkapazität und Verarbeitungsgeschwindigkeit nicht allein bewältigen kann. Doch mit diesen

Möglichkeiten kommen auch Herausforderungen. Es ist unerlässlich, dass wir nicht nur die technischen Aspekte der KI betrachten, sondern auch die Kontrolle und ethischen Rahmenbedingungen, die notwendig sind, um sicherzustellen, dass KI im Dienste der Menschheit steht.

Dieses Buch möchte einen Einblick in die vielfältigen Verwendungsmöglichkeiten von Künstlicher Intelligenz geben. Dabei ist es wichtig zu betonen, dass die dargestellten Anwendungen nur einen kleinen Ausschnitt der Möglichkeiten darstellen können – die Entwicklungen in diesem Bereich sind so dynamisch, dass sie sich beinahe täglich erweitern.

Das Zitat des Untertitels spricht auch von Kontrolle – die braucht jeder Nutzende über seine Daten, das ist der Vorteil der Digitalisierung. Was wir nicht brauchen, ist Kontrolle über Bürger und Nutzende. Das ist Missbrauch, wie es die Gesetzgebung der EU von 2025 beschreibt.

Ich laden Sie ein, mit mir auf eine Reise zu gehen, die die faszinierenden, aber auch herausfordernden Aspekte der Künstlichen Intelligenz beleuchtet. Lassen Sie uns gemeinsam die Chancen und Risiken erkunden, die diese transformative Technologie mit sich bringt, und darüber nachdenken, wie wir sie verantwortungsvoll und nachhaltig gestalten können.   Johannes Simang

Vorwort

Künstliche Intelligenz (KI) kann in einer Vielzahl von Bereichen nützlich sein.

Die genauen **Nutzerzahlen** von ‚ChatGPT' pro Tag sowie die spezifische Verteilung nach Anwendungsbereichen sind nicht öffentlich zugänglich, da solche Daten in der Regel von OpenAI oder den Plattformen, die ChatGPT integrieren, nicht veröffentlicht werden. Allerdings kann ich einige allgemeine Trends und häufige Anwendungsbereiche nennen, in denen ChatGPT und ähnliche KI-Modelle häufig genutzt werden: im offenen Chat GPT sind es bisher 4,8 Mill. Nutzer.

Häufige Anwendungsbereiche von ChatGPT:

Bildung

Schüler und Studenten: Viele nutzen ChatGPT für Hausaufgaben, Lernhilfe, Erklärungen von Konzepten und kreative Schreibaufgaben.

In der heutigen digitalen Welt nimmt die Künstliche Intelligenz (KI) eine immer zentralere Rolle in unserem Alltag ein. Insbesondere im Bildungsbereich eröffnet sie Schülern und Studenten vielfältige Möglichkeiten, ihre Lernprozesse zu optimieren und zu bereichern. Diese Technologien, wie etwa ChatGPT, bieten nicht nur Unterstützung bei der Erledigung von

Aufgaben, sondern fördern auch das selbstständige Lernen und die Kreativität der Lernenden.

Individuelle Lernhilfe

Ein wesentlicher Anwendungsbereich von KI im Bildungssektor ist die individuelle Lernhilfe. Schüler und Studenten stehen oft vor der Herausforderung, komplexe Konzepte zu verstehen und Aufgaben selbständig zu bewältigen. Hier kann KI als **virtueller Tutor** fungieren, der jederzeit zur Verfügung steht. Durch die Möglichkeit, Fragen zu stellen und sofortige Antworten zu erhalten, können Lernende ihr Verständnis in ihrem eigenen Tempo vertiefen. Chat-GPT bietet Erklärungen zu verschiedenen Themen, die auf das individuelle Niveau des Nutzers abgestimmt sind, wodurch der Lernprozess personalisiert und effektiver gestaltet wird.

Unterstützung bei kreativen Schreibaufgaben

Ein weiterer wichtiger Aspekt ist die Unterstützung bei **kreativen Schreibaufgaben**. Viele Schüler und Studenten haben Schwierigkeiten, ihre Gedanken strukturiert und überzeugend zu Papier zu bringen. KI-gestützte Tools können hierbei als **Inspirationsquelle** dienen, indem sie *Vorschläge für Themen, Gliederungen oder sogar Formulierungen* liefern. Diese Art der Unterstützung fördert nicht nur die Kreativität, sondern hilft auch, Schreibblockaden zu überwinden und das literarische Schreiben als solches zu üben. Die Interaktion mit Künstlicher Intelligenz kann zudem dazu beitragen, den eigenen Schreibstil zu entwickeln und zu verfeinern.

Organisation von Lerninhalten und Zeitplanung

Darüber hinaus spielt KI eine entscheidende Rolle bei der **Organisation von Lerninhalten** und der **Zeitplanung**. Studenten jonglieren oft mit einer Vielzahl von Aufgaben, Projekten und Prüfungen. KI-gestützte Anwendungen können helfen, Prioritäten zu setzen, *Zeitpläne* zu erstellen und **Erinnerungen für wichtige Fristen** zu senden. Dadurch wird das Zeitmanagement verbessert, was zu einer höheren Effizienz und weniger Stress führt. Schüler und Studenten können sich so auf das Wesentliche konzentrieren und ihre Ressourcen optimal nutzen.

Förderung von kritischem Denken / Problemlösungsfähigkeiten

Ein oft übersehener Vorteil der KI-Nutzung im Bildungsbereich ist die Förderung von kritischem Denken und Problemlösungsfähigkeiten. Indem Lernende mit KI interagieren, werden sie dazu angeregt, **Fragen** zu stellen, **Hypothesen** aufzustellen und verschiedene **Lösungsansätze** zu erkunden. Dies fördert nicht nur das Verständnis für die jeweiligen Themen, sondern auch die Fähigkeit, analytisch zu denken und kreativ zu sein. Die Auseinandersetzung mit KI kann somit auch dazu führen, dass Schüler und Studenten lernen, die Informationen, die sie erhalten, zu hinterfragen und kritisch zu bewerten.

Herausforderungen und verantwortungsvoller Einsatz

Trotz der zahlreichen Vorteile, die Künstliche Intelligenz im Bildungsbereich bietet, ist es wichtig, die damit verbundenen Herausforderungen zu beachten. Dazu gehören Fragen der **Datensicherheit**, die Gefahr von **Plagiaten** und die Notwendigkeit, eine Balance zwischen der Nutzung von KI und der **Entwicklung eigener Fähigkeiten** zu finden. Schüler und Studenten sollten angeleitet werden, KI verantwortungsbewusst zu nutzen und die Technologie als Werkzeug zu betrachten, das ihre Lernprozesse unterstützt, ohne sie zu ersetzen.

Lehrer und Lehrerinnen: Einige Lehrkräfte verwenden die KI zur Erstellung von **Unterrichtsmaterialien** oder zur Unterstützung bei der **Planung** von Lehraktivitäten. KI kann personalisierte **Lernpläne** erstellen, den Lernfortschritt analysieren und adaptive Lernumgebungen schaffen. Sie kann auch bei der Automatisierung von Prüfungen und der Bereitstellung von Tutoring-Diensten unterstützen und somit Lehrkräfte entlasten.

In der heutigen Bildungslandschaft stehen Lehrkräfte vor zahlreichen Herausforderungen. Neben der Vermittlung von Wissen müssen sie auch administrative Aufgaben bewältigen, den Lernfortschritt ihrer Schüler und Schülerinnen verfolgen und individuelle Bedürfnisse berücksichtigen. Künstliche Intelligenz (KI) bietet innovative Lösungen, um Lehrkräfte in ihren Aufgaben zu unterstützen und ihren Arbeitsaufwand zu verringern. Durch den Einsatz von KI-Technologien können Lehrer und Lehrerinnen effizienter arbeiten, personalisierte Lernumgebungen schaffen und ihre Zeit optimal nutzen.

Automatisierung administrativer Aufgaben

Eine der größten Herausforderungen für Lehrkräfte ist der administrative Aufwand, der mit der Planung, Durchführung und Auswertung von Unterricht verbunden ist. KI kann in diesem Bereich erheblichen Nutzen bringen. Durch den Einsatz von KI-gestützten Tools können Lehrkräfte Unterrichtsmaterialien automatisiert erstellen und anpassen. Programme, die auf maschinellem Lernen basieren, können aus bestehenden Lehrplänen und Materialien lernen und Vorschläge für neue Inhalte generieren. Dies spart nicht nur Zeit, sondern ermöglicht es Lehrern und Lehrerinnen auch, ihre Lehrmethoden zu diversifizieren und kreativer zu gestalten.

Darüber hinaus kann KI bei der Automatisierung von Prüfungen helfen. Durch die Implementierung von KI-gestützten Prüfungsplattformen können Lehrende Prüfungen erstellen, die automatisch ausgewertet werden. Dies reduziert den Zeitaufwand für die Korrektur von Prüfungen erheblich und ermöglicht es Lehrern und Lehrerinnen, sich auf die individuelle Betreuung ihrer Schüler zu konzentrieren.

Personalisierte Lernpläne und adaptive Lernumgebungen

Ein weiterer bedeutender Vorteil der KI im Bildungsbereich ist die Möglichkeit, personalisierte Lernpläne zu erstellen. Jeder Lernende hat unterschiedliche Bedürfnisse und Lernstile, und KI kann dabei helfen, diese Unterschiede zu berücksichtigen. Durch die Analyse von Lernfortschritten und -verhalten kann KI maßgeschneiderte Lernpläne entwickeln, die auf die individuellen Stärken und Schwächen der Schüler und Schülerinnen abgestimmt sind. Lehrer können diese Pläne nutzen, um gezielte Unterstützung zu bieten und sicherzustellen, dass jeder Schüler im eigenen Tempo lernen kann.

Adaptive Lernumgebungen, die durch KI-Technologien geschaffen werden, passen sich dynamisch an die Bedürfnisse der Lernenden an. Diese Umgebungen können den Schülern helfen, schwierige Konzepte besser zu verstehen, indem sie zusätzliche Ressourcen oder alternative Erklärungen bereitstellen, wenn dies erforderlich ist. Lehrkräfte können diese Tools nutzen, um den Unterricht effektiver zu gestalten und sicherzustellen, dass alle Lernenden die Unterstützung erhalten, die sie benötigen.

Analyse des Lernfortschritts

Die kontinuierliche Analyse des Lernfortschritts ist entscheidend für den Erfolg von Schülern und Schülerinnen. KI kann Lehrende wertvolle Einblicke in die Leistung ihrer Schüler geben. Durch die Auswertung von Daten zu Testergebnissen, Teilnahme und

Engagement können Lehrende Muster erkennen und gezielte Interventionen planen. Diese datengestützte Entscheidungsfindung ermöglicht es Lehrkräften, frühzeitig auf Schwierigkeiten zu reagieren und individuelle Fördermaßnahmen zu entwickeln.

Unterstützung durch Tutoring-Dienste

Ein weiterer Bereich, in dem KI Lehrkräfte unterstützen kann, ist die Bereitstellung von Tutoring-Diensten. KI-gestützte Tutor-Programme können Schülern bei Bedarf zusätzliche Hilfe bieten, sei es in Form von Erklärungen, Übungen oder Feedback. Diese Programme können rund um die Uhr verfügbar sein, sodass Lernende die Unterstützung erhalten, die sie benötigen, ohne dass Lehrende ständig verfügbar sein müssen. Dadurch können Lehrkräfte ihre Zeit effizienter nutzen und sich auf die Interaktion mit Lernenden konzentrieren, die eine intensivere Betreuung benötigen.

Die Rolle der Künstlichen Intelligenz in den Schulabläufen

Effizienz und Innovation im Bildungswesen

In den letzten Jahren hat die Künstliche Intelligenz (KI) zunehmend Einzug in verschiedene Lebensbereiche gehalten, und das Bildungswesen bildet hier keine Ausnahme. Die Integration von KI in den Schulalltag bietet nicht nur innovative Lösungen zur Unterstützung des Lehrens und Lernens, sondern optimiert auch zahlreiche administrative und organisatorische Abläufe, die für einen reibungslosen

Schulbetrieb unerlässlich sind. Es geht um verschiedene Anwendungsbereiche von KI in den Schulabläufen, darunter die Verwaltung, Kommunikation, Ressourcenmanagement und die Verbesserung der Erfahrung von Schülern und Schülerinnen.

Verwaltung und Organisation

Eine der bedeutendsten Anwendungen von KI im Schulbetrieb liegt in der Verwaltung und Organisation. Schulen stehen oft vor der Herausforderung, eine Vielzahl von administrativen Aufgaben zu bewältigen, von der Stundenplanung bis zur Verwaltung von Schülerdaten. KI-gestützte Systeme können diese Prozesse automatisieren und optimieren. Zum Beispiel können Algorithmen zur **Stundenplanung** eingesetzt werden, um den Unterricht so zu organisieren, dass Konflikte minimiert und Ressourcen effizient genutzt werden. Dies reduziert den Zeitaufwand für die Planung und ermöglicht es den Schuladministratoren, sich auf strategische Entscheidungen zu konzentrieren.

Des Weiteren kann KI in der Verwaltung von Schülerdaten eine zentrale Rolle spielen. Durch den Einsatz von Datenanalyse-Tools können Schulen wichtige Informationen über die Schülerleistung, Anwesenheit und Verhaltensmuster gewinnen. Diese Daten können genutzt werden, um frühzeitig auf Probleme zu reagieren und gezielte Interventionsmaßnahmen zu entwickeln, die das Lernen der Schüler und Schülerinnen unterstützen.

Kommunikation und Interaktion

Die Kommunikation zwischen Lehrern, Schülern und Eltern ist ein weiterer Bereich, in dem KI einen erheblichen Einfluss ausüben kann. KI-basierte Chatbots können als erste Anlaufstelle für Fragen von Schülern und Eltern dienen. Sie können Informationen zu Schulrichtlinien, Veranstaltungen und Terminen bereitstellen und häufige Anfragen schnell beantworten. Dies entlastet das Sekretariat und ermöglicht es den Mitarbeitern, sich auf komplexere Anliegen zu konzentrieren.

Darüber hinaus können KI-gestützte Systeme auch dazu beitragen, die **Interaktion zwischen Lehrern und Schülern** zu verbessern. Plattformen, die auf maschinellem Lernen basieren, können personalisierte Lernempfehlungen geben und Feedback zu Aufgaben in Echtzeit bereitstellen. Dies fördert nicht nur das Engagement der Lernenden, sondern ermöglicht auch eine effektivere Kommunikation über den Lernfortschritt.

Ressourcenmanagement

Ein weiterer wichtiger Aspekt der Nutzung von KI in Schulen ist das Ressourcenmanagement. KI kann dabei helfen, den Einsatz von Materialien und Einrichtungen effizient zu planen. So können beispielsweise intelligente Systeme den Bedarf an Lehrmaterialien analysieren und Vorschläge zur Optimierung von Bestellungen und Lagerbeständen machen. Dies reduziert nicht nur Kosten, sondern fördert auch einen nachhaltigeren Umgang mit Ressourcen.

In Bezug auf die Nutzung von Räumlichkeiten kann KI dazu beitragen, die Belegung von Klassenräumen und anderen Einrichtungen zu optimieren. Durch die Analyse von Buchungsdaten können Schulen sicherstellen, dass Räume effizient genutzt werden und Überbelegungen vermieden werden. Dies ist besonders in Zeiten von Hybrid- oder Fernunterricht von Bedeutung, wenn die räumlichen Kapazitäten begrenzt sind.

Verbesserung der Schülererfahrung

Schließlich kann KI dazu beitragen, die Schülererfahrung insgesamt zu verbessern. Durch die Implementierung von adaptiven Lernsystemen, die auf den individuellen Lernfortschritt und die Bedürfnisse der Lernenden eingehen, können Schulen eine personalisierte Lernumgebung schaffen. Diese Systeme passen sich an den Wissensstand jedes Schülers an und bieten maßgeschneiderte Lerninhalte an, die den Schülern und Schülerinnen helfen, ihre Fähigkeiten zu entwickeln und ihre Ziele zu erreichen.

Zusätzlich können KI-gestützte Analysen dazu beitragen, die soziale und emotionale Entwicklung von Schülern zu fördern. Durch die Überwachung von Verhaltensdaten und Interaktionen können Schulen potenzielle Probleme frühzeitig erkennen und geeignete Unterstützungsmaßnahmen einleiten. Dies ist besonders wichtig, um das Wohlbefinden der

Lernenden zu gewährleisten und eine positive Schulumgebung zu schaffen.

KI in der Schulverwaltung: Effizienz und vorausschauende Planung

Künstliche Intelligenz (KI) hat das Potenzial, die Verwaltung in Schulen erheblich zu verbessern und zu optimieren. Neben der Unterstützung im Unterrichtsprozess kann KI auch in verschiedenen administrativen Bereichen eingesetzt werden, um die Effizienz zu steigern und fundierte Entscheidungen zu treffen. Ein besonders interessanter Anwendungsbereich ist die Analyse von Daten zur Prognose der Schülerzahlen, die Verwaltung von Grundstücken und die Organisation notwendiger Dienstleistungen für einen reibungslosen Schulbetrieb.

Prognose der Schülerzahlen

Eine der zentralen Herausforderungen für Schulen ist die akkurate Vorhersage der Schülerzahlen. Diese Prognosen sind entscheidend für die Planung von Ressourcen, einschließlich Lehrpersonal, Räumlichkeiten und Unterrichtsmaterialien. KI kann hier eine wertvolle Unterstützung bieten, indem sie historische Daten und aktuelle Informationen aus den Einwohneranmeldeämtern analysiert. Durch den Einsatz von Algorithmen für maschinelles Lernen können Muster und Trends identifiziert werden, die helfen, zukünftige Schülerzahlen vorherzusagen.

Diese **vorausschauende Planung** ermöglicht es Schulen, rechtzeitig auf Veränderungen zu reagieren, sei es durch die Anpassung des Lehrpersonals, die Erweiterung von Klassenräumen oder die Entwicklung neuer Programme. Durch die präzise Prognose der Schülerzahlen können Schulen Ressourcen effizienter einsetzen und sicherstellen, dass die Bedürfnisse der Lernenden optimal erfüllt werden.

Grundstücksverwaltung

Ein weiterer wichtiger Aspekt der Schulverwaltung ist die effektive Verwaltung von Schulgrundstücken. KI kann dazu beitragen, die **Nutzung von Schulgeländen zu optimieren** und die **Instandhaltung** von Gebäuden und Einrichtungen zu planen. Durch die Analyse von Daten über die Nutzung von Räumen, den Zustand von Gebäuden und **Wartungsbedarfen** können KI-Systeme Empfehlungen zur Verbesserung der Infrastruktur geben.

Zusätzlich können KI-gestützte Systeme bei der Planung von Erweiterungen oder Neubauten unterstützen, indem sie die Faktoren wie die demografische Entwicklung, die zukünftige Schülerzahl und die Anforderungen an moderne Lernumgebungen berücksichtigen. Dies führt zu einer besseren Nutzung der Ressourcen und einer langfristigen Planung, die den Bedürfnissen der Schule gerecht wird.

Organisation von Dienstleistungen

Die Organisation der für den Schulbetrieb notwendigen Dienstleistungen ist ein weiterer Bereich, in dem KI einen bedeutenden Beitrag leisten kann.

Dazu gehören beispielsweise die Planung von *Transportdiensten*, die *Verpflegung* der Schüler oder die Bereitstellung von IT-Support. KI-Systeme können Daten über Schülerzahlen, Bedürfnisse und Vorlieben analysieren, um eine **bedarfsgerechte Planung dieser Dienstleistungen** zu ermöglichen.
Durch die Implementierung von KI-gestützten Lösungen können Schulen die Effizienz dieser Dienstleistungen steigern. So können beispielsweise intelligente Transportmanagementsysteme eingesetzt werden, die Routen optimieren und Fahrpläne anpassen, um den **Schülertransport** zu verbessern. Auch die **Verpflegung** kann durch die Analyse von Essenspräferenzen und -bedarfen optimiert werden, was nicht nur die Zufriedenheit der Schüler erhöht, sondern auch zu einer Reduzierung von Lebensmittelverschwendung beitragen kann.

Das gleiche gilt für den **universitären Betrieb**. Algorithmen sind auf die unterschiedlichen Bedürfnisse leicht einstellbar.

KI in der privaten Nutzung

Die Verwendungsmöglichkeiten von Künstlicher Intelligenz im Alltag

In den letzten Jahren hat die Künstliche Intelligenz (KI) einen bemerkenswerten Einfluss auf verschiedene Bereiche unseres Lebens ausgeübt. Von der Automatisierung alltäglicher Aufgaben bis hin zur Unterstützung komplexer Entscheidungsprozesse hat

KI das Potenzial, unsere Interaktionen mit Technologie und die Art und Weise, wie wir Informationen verarbeiten, grundlegend zu verändern. Es geht darum, die vielfältigen Verwendungsmöglichkeiten von KI zu beleuchten und deren Bedeutung für private Nutzer herauszustellten

Alltägliche Unterstützung

Einer der offensichtlichsten Bereiche, in denen KI Anwendung findet, ist die alltägliche Unterstützung. **Virtuelle Assistenten** wie *Siri*, *Google Assistant* und *Amazon Alexa* haben sich zu festen Bestandteilen vieler Haushalte entwickelt. Sie helfen nicht nur bei der Terminplanung, sondern auch bei der Beantwortung einfacher Fragen, dem Abspielen von Musik oder dem Steuern von Smart-Home-Geräten. Diese Technologien vereinfachen das Leben und ermöglichen es den Nutzern, ihre Zeit effizienter zu nutzen.

Darüber hinaus nutzen viele Menschen **KI-gestützte Apps**, um alltägliche Aufgaben zu optimieren. *Kochrezepte* können durch einfache Sprachbefehle abgerufen werden, während Apps zur *Essensplanung* personalisierte Vorschläge basierend auf den Vorlieben und Ernährungsgewohnheiten des Nutzers bieten. Diese Form der Unterstützung zeigt, wie KI in der Lage ist, den Alltag zu erleichtern und denen, die KI nutzen Zeit und Mühe zu sparen.

Personalisierte Erfahrungen

Ein weiterer bedeutender Anwendungsbereich von KI ist die Personalisierung von Erfahrungen. In der

Unterhaltungsindustrie nutzen Plattformen wie *Netflix* und *Spotify* KI-Algorithmen, um den Nutzenden maßgeschneiderte Empfehlungen zu bieten. Diese Systeme analysieren das Nutzerverhalten, um Filme, Serien oder Musik vorzuschlagen, die den individuellen Vorlieben entsprechen. Solche personalisierten Erfahrungen fördern nicht nur die Nutzerzufriedenheit, sondern erhöhen auch die Wahrscheinlichkeit, dass Menschen die Dienste weiterhin nutzen.

Auch im **E-Commerce** wird KI zur Personalisierung eingesetzt. *Online-Shops* verwenden Empfehlungssysteme, die auf dem bisherigen Kaufverhalten basieren, um Produkte vorzuschlagen, die für den Nutzenden von Interesse sein könnten. Dies verbessert nicht nur das Einkaufserlebnis, sondern erhöht auch die Verkaufszahlen für die Unternehmen.

Bildung und Lernen

Im Bildungsbereich hat KI das Potenzial, **Lernmethoden** zu revolutionieren. Personalisierte Lernplattformen nutzen KI, um Inhalte an die individuellen Bedürfnisse der Lernenden anzupassen. Diese Technologien analysieren den Fortschritt der Nutzer und bieten maßgeschneiderte Übungen und Ressourcen an, die darauf abzielen, Schwächen zu beheben und Stärken zu fördern. Diese Form des adaptiven Lernens kann die Effizienz des Lernprozesses erheblich steigern und den Nutzern helfen, ihre Ziele schneller zu erreichen.

Zusätzlich können KI-gestützte **Sprachüberset-zungsdienste**, wie *Google Translate*, den Zugang zu Bildungsressourcen in verschiedenen Sprachen erleichtern. Dies fördert den interkulturellen Austausch und ermöglicht es Lernenden, Wissen aus einer Vielzahl von Quellen zu beziehen.

Gesundheit und Wellness

Im Bereich der Gesundheit hat KI ebenfalls bedeutende Fortschritte gemacht. Apps zur **Gesundheitsüberwachung** nutzen KI, um Daten zu analysieren und personalisierte Empfehlungen zur Verbesserung der Gesundheit zu geben. Diese Technologien können dabei helfen, **Fitnessziele** zu setzen, Ernährung zu überwachen oder sogar **Frühwarnsysteme für gesundheitliche Probleme** bereitzustellen. In einer Zeit, in der der Fokus zunehmend auf Prävention liegt, können solche KI-gestützten Lösungen dazu beitragen, das allgemeine Wohlbefinden der Nutzer zu verbessern.

Kreativität und Ausdruck

Ein oft übersehener Bereich der KI-Anwendung ist die Unterstützung bei kreativen Prozessen. KI-gestützte **Schreibassistenten** helfen Nutzenden, Texte zu erstellen und zu verbessern, indem sie Vorschläge zur Grammatik, Stil und Struktur bieten. Dies kann nicht nur die Qualität der Texte erhöhen, sondern auch den Schreibprozess für viele Menschen erleichtern. Auch in der **Bildbearbeitung** finden sich KI-Tools, die Fotografen und Künstlern helfen, ihre

Arbeiten zu optimieren und kreative Ideen zu verwirklichen.

Die Nutzungsmöglichkeiten der KI im Alltag: Ein Blick auf private Anwendungen

Die Künstliche Intelligenz (KI) hat in den letzten Jahren einen tiefgreifenden Einfluss auf unser tägliches Leben genommen. Sie ist nicht mehr nur ein Thema der **Science-Fiction** oder der **Forschung**, sondern hat Einzug in unseren Alltag gehalten.

Private Nutzer profitieren von einer Vielzahl innovativer Anwendungen, die auf KI basieren.

Vier zentrale Nutzungsmöglichkeiten der KI für private Nutzer untersucht:

virtuelle Assistenten - Smart Home Automatisierung - personalisierte Empfehlungen - Gesundheitsüberwachung.

Virtuelle Assistenten wie *Siri*, *Google Assistent* und *Amazon Alexa* u.a. haben sich zu unverzichtbaren Begleitern im Alltag entwickelt. Sie helfen Nutzern, ihre täglichen Aufgaben effizient zu organisieren, indem sie Sprachbefehle annehmen und darauf basierende Aktionen ausführen.

Die Funktionen reichen von der einfachen **Terminplanung** über das Setzen von **Erinnerungen** bis hin zur **Informationssuche**. Diese Technologien ermöglichen es den Nutzenden, multitaskingfähig zu sein, indem sie ihre Hände frei haben, während sie gleichzeitig Informationen abrufen oder Aufgaben erledigen.

Ein Beispiel dafür ist die Nutzung eines **virtuellen Assistenten** beim **Kochen**: Während der Nutzer die Hände mit der Zubereitung einer Mahlzeit beschäftigt hat, kann er **Fragen zu Rezepten stellen** oder den **Timer für das Garen** eines Gerichts einstellen. Diese Interaktivität und Benutzerfreundlichkeit machen virtuelle Assistenten zu einem wertvollen Werkzeug im modernen Haushalt.

Die **Smart Home Automatisierung** ist ein weiterer Bereich, in dem KI eine bedeutende Rolle spielt. Durch die Integration von KI in Haushaltsgeräte können Nutzer ihre Umgebung effizienter steuern und anpassen. **Licht**, **Thermostate** und **Sicherheitssysteme** lassen sich über zentrale Plattformen steuern, die auf KI-Algorithmen basieren. Diese Systeme lernen die Gewohnheiten der Nutzer und passen sich entsprechend an.

Ein Beispiel für diese Automatisierung ist ein intelligentes **Thermostat**, das die *Heiz- und Kühlgewohnheiten* einer Familie analysiert und die Temperatur automatisch anpasst, um **Energie zu sparen** und den Komfort zu maximieren. Solche Systeme bieten nicht nur Bequemlichkeit, sondern tragen auch zur Reduzierung des Energieverbrauchs bei, was sowohl ökonomische als auch ökologische Vorteile mit sich bringt.

Personalisierte Empfehlungen

In der heutigen digitalen Welt sind personalisierte Empfehlungen ein entscheidender Aspekt der Nutzererfahrung. **Streaming-Dienste** wie *Netflix* und *Spotify* nutzen KI, um den Nutzern Inhalte vorzuschlagen, die auf ihren individuellen Vorlieben und dem bisherigen Nutzerverhalten basieren. Diese Algorithmen analysieren, welche Filme, Serien oder Musikstücke ein Nutzer konsumiert hat, und schlagen ähnliche Inhalte vor, die Gefallen finden.

Diese maßgeschneiderte Erfahrung erhöht nicht nur die Nutzerzufriedenheit, sondern fördert auch die Entdeckung neuer Inhalte, die der Nutzer möglicherweise nicht selbst gefunden hätte. Durch die Personalisierung wird die Nutzung dieser Plattformen zu einem viel intensiveren Erlebnis, da die Nutzenden das Gefühl haben, dass ihre individuellen Geschmäcker und Vorlieben berücksichtigt werden.

Gesundheitsüberwachung

Ein weiterer bedeutender Bereich, in dem KI private Nutzer unterstützt, ist die Gesundheitsüberwachung. Verschiedene Apps nutzen KI, um **Fitnessdaten** zu analysieren und **personalisierte Gesundheitsratschläge** zu geben. Diese Anwendungen können *Schritte zählen*, *Herzfrequenz überwachen* und *Essgewohnheiten analysieren*, um den Nutzenden zu helfen, ihre Gesundheitsziele zu erreichen.

Beispielsweise können **Fitness-Tracker**, die mit KI-Technologie ausgestattet sind, den Nutzern Empfehlungen für ihre **Trainingsroutinen** geben oder sie daran erinnern, aktiv zu bleiben. Darüber hinaus können sie auch Warnungen ausgeben, wenn die Gesundheitsdaten auf potenzielle Probleme hinweisen. Diese proak-

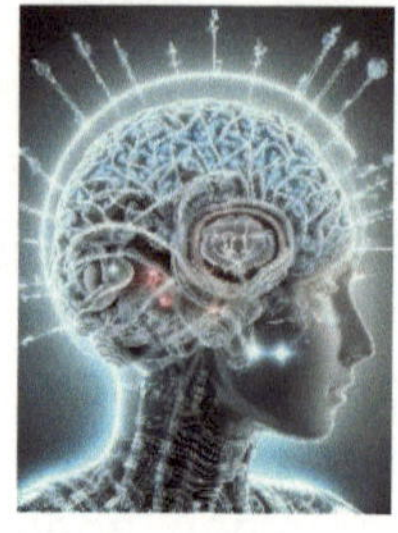

tive Herangehensweise an das Gesundheitsmanagement ermöglicht es den Nutzenden, bewusster mit ihrem Wohlbefinden umzugehen und gesündere Entscheidungen zu treffen.

KI in der privaten Nutzung

Bildbearbeitung, Texterstellung, Online-Lernen und Finanzmanagement

Die Künstliche Intelligenz (KI) hat in den letzten Jahren in vielen Bereichen unseres Lebens Einzug gehalten und bietet eine Vielzahl von Anwendungen, die das tägliche Leben erleichtern und bereichern. Insbesondere in den Bereichen **Bildbearbeitung**, **Texterstellung**, **Online-Lernen** und **Finanzmanagement** zeigt sich das Potenzial von KI, private Nutzer zu unterstützen und ihre Fähigkeiten zu erweitern.

Bildbearbeitung

Die Bildbearbeitung hat durch KI-Technologien einen bemerkenswerten Wandel erfahren. Früher erforderte die **Bearbeitung von Fotos** umfangreiche Kenntnisse in speziellen Softwareprogrammen und viel Zeit. Heute ermöglichen KI-gestützte Tools wie *Adobe Photoshop* mit integrierten KI-Funktionen oder spezialisierte Apps wie *Luminar AI* eine schnelle und benutzerfreundliche Bearbeitung von Bildern.

Diese Tools bieten Funktionen wie das **Entfernen von Unreinheiten**, das **Anpassen von Farben und Helligkeit** sowie das **Hinzufügen von Effekten**, die oft in wenigen Klicks umgesetzt werden können. Nutzer können ihre Fotos auf ein neues Level heben, ohne tiefgehende technische Kenntnisse zu besitzen. Dies ist besonders vorteilhaft für Hobbyfotografen oder Social-Media-Nutzer, die ansprechende Inhalte erstellen möchten, um ihre Erlebnisse zu teilen oder ihre Kreativität auszudrücken. Die Möglichkeit, Bilder schnell zu optimieren und zu personalisieren, fördert nicht nur die Kreativität, sondern steigert auch das Selbstbewusstsein der Nutzer in Bezug auf ihre fotografischen Fähigkeiten.

Texterstellung und -bearbeitung

Im Zeitalter der digitalen Kommunikation ist die Fähigkeit, klar und präzise zu schreiben, von großer Bedeutung. KI-gestützte **Schreibassistenten** wie *Grammarly* und *Jasper* haben sich als wertvolle Werkzeuge für private Nutzer etabliert. Diese Tools unterstützen nicht nur bei der **Grammatikprüfung** und der **Rechtschreibung**, sondern bieten auch

Verbesserungsvorschläge für den Schreibstil und die Struktur von Texten.

Dank dieser Technologien können Nutzer ihre schriftlichen Arbeiten effizienter gestalten, sei es beim **Verfassen von E-Mails**, **Blogbeiträgen** oder **akademischen Arbeiten**. Die KI analysiert den Text in Echtzeit und gibt Feedback, was den Lernprozess fördert und das Schreiben zu einer weniger frustrierenden Erfahrung macht. Insbesondere für *Studierende* oder *Berufseinsteiger* ist dies ein großer Vorteil, da sie sich auf die Inhalte konzentrieren können, während die KI ihnen hilft, ihre Ausdrucksweise zu verfeinern. Darüber hinaus tragen diese Tools dazu bei, mehr Selbstvertrauen im schriftlichen Ausdruck zu entwickeln, was in vielen Lebensbereichen von Bedeutung ist.

Online-Lernen

Das Lernen hat sich durch die Integration von KI in Online-Plattformen revolutioniert. **Personalisierte Lern**plattformen wie *Duolingo* und *Khan Academy* nutzen KI, um Lerninhalte an die individuellen Bedürfnisse und Stärken der Nutzenden anzupassen. Diese Systeme analysieren das Lernverhalten und die Fortschritte der Nutzer und bieten maßgeschneiderte Übungen und Ressourcen an.

Durch diese Anpassungsfähigkeit wird das Lernen effektiver und motivierender, da die Nutzer in ihrem eigenen Tempo arbeiten können. KI-gestützte Lernplattformen ermöglichen es den Nutzern, gezielt an ihren Schwächen zu arbeiten und gleichzeitig ihre Stärken auszubauen. Dies ist besonders vorteilhaft für Schüler und Studierende, die oft mit unterschiedlichen Lernstilen und -geschwindigkeiten konfrontiert sind. Die Möglichkeit, personalisierte Lernpfade zu verfolgen, fördert nicht nur das Wissen, sondern auch die Selbstdisziplin und das Engagement der Lernenden.

Finanzmanagement
Ein weiterer Bereich, in dem KI privat genutzt wird, ist das **Finanzmanagement**. KI-gestützte Tools wie *Mint* oder *Personal Capital* helfen den Nutzern, ihre **Finanzen zu verwalten**, **Budgets zu erstellen** und **Ausgaben zu verfolgen**. Diese Technologien analysieren die finanziellen Daten der Nutzer und bieten wertvolle Einblicke in ihre Ausgabengewohnheiten.

Durch die Automatisierung von Budgetierungsaufgaben und die Bereitstellung von personalisierten Finanzempfehlungen können Nutzer fundierte Entscheidungen über ihre Ausgaben und Investitionen treffen. Dies ist besonders wichtig in einer Zeit, in der viele Menschen mit finanziellen Herausforderungen konfrontiert sind. Die Nutzung von KI zur Verbesserung des Finanzmanagements fördert nicht nur das Bewusstsein für die eigene finanzielle Situation, sondern hilft auch, langfristige finanzielle Ziele zu erreichen.

Die private Nutzung von KI in Spielen, Reisen, sozialen Medien und E-Commerce.

Vier zentrale Bereiche werden betrachtet:

KI-gestützte Spiele, personalisierte Reiseplanung, soziale Medien und Einkaufsassistenten.

Spiele sind seit jeher eine beliebte Form der Unterhaltung, und die Integration von KI hat diese Erfahrung auf ein neues Level gehoben. Moderne **KI-gestützte Spiele** sind in der Lage, sich an das Können des Spielers anzupassen und realistische Gegner zu bieten. Dies geschieht durch Algorithmen, die das Verhalten und die Fähigkeiten der Spieler analysieren und entsprechend reagieren.

Ein Beispiel hierfür sind **Rollenspiele** oder **Action-Adventure-Spiele**, in denen die KI die Strategien der Spieler beobachtet und darauf reagiert. Dies führt zu einer dynamischen und herausfordernden Spielerfahrung, die sich kontinuierlich anpasst. Spielende sind somit gefordert, ihre Strategien zu überdenken und weiterzuentwickeln, was zu einem intensiveren und befriedigenderen Spielerlebnis führt. Darüber hinaus ermöglichen KI-gestützte Spiele auch das Erstellen von intelligenten NPCs (nicht spielbare Charaktere), die realistischere Interaktionen bieten und die **Immersion** im Spiel erhöhen. Diese Entwicklungen zeigen, wie KI die Welt der Spiele revolutioniert und die Grenzen des Möglichen ständig erweitert.

(**Immersion** bezeichnet das Eintauchen in eine bestimmte Umgebung oder Erfahrung, wobei der Nutzer oder Teilnehmer das Gefühl hat, vollständig in diese Welt integriert zu sein.)

Personalisierte Reiseplanung

Ein weiterer Bereich, in dem KI eine bedeutende Rolle spielt, ist die **Reiseplanung**. In einer Zeit, in der Reisen zunehmend individualisiert werden, nutzen viele Apps KI, um personalisierte Vorschläge zu erstellen, die auf den Vorlieben und der bisherigen Reiseerfahrung der Nutzer basieren. Plattformen wie *Google Trips* oder *TripIt* analysieren die Interessen der Nutzer, ihre Reisedaten und Bewertungen, um maßgeschneiderte **Empfehlungen für Hotels, Aktivitäten und Restaurants** zu bieten.

Diese personalisierte Herangehensweise trägt dazu bei, dass Reisende nicht nur die beliebtesten Attraktionen besuchen, sondern auch versteckte Schätze entdecken können, die ihren Interessen entsprechen. Darüber hinaus können KI-gestützte Apps den Nutzern helfen, die besten **Reisezeiten** zu finden, **Preisvergleiche** anzustellen und sogar **Reisepläne** in Echtzeit anzupassen, falls sich unvorhergesehene Umstände ergeben. Diese Flexibilität und Anpassungsfähigkeit erhöhen nicht nur die Zufriedenheit der Reisenden, sondern reduzieren auch den Stress, der oft mit der Reiseplanung verbunden ist.

Soziale Medien

In der Welt der sozialen Medien ist KI ein unverzichtbares Werkzeug geworden, das die Nutzererfahrung erheblich verbessert. Algorithmen analysieren das Verhalten der Nutzer, um Inhalte zu filtern und relevante Posts, Bilder oder Videos anzuzeigen. Plattformen wie *Facebook*, *Instagram* und *TikTok* nutzen KI, um Trends zu erkennen und personalisierte Feeds zu erstellen, die auf den Interessen der Nutzenden basieren.

Diese personalisierten Algorithmen sorgen dafür, dass Nutzende Inhalte sehen, die für sie von Bedeutung sind, wodurch die Interaktion und das Engagement auf diesen Plattformen gesteigert werden. Darüber hinaus können KI-gestützte Tools auch zur **Erkennung von schädlichen Inhalten** oder zur **Moderation von Kommentaren** eingesetzt werden, was zu einer sichereren und angenehmeren Online-Umgebung beiträgt. Die Fähigkeit von KI, große Datenmengen zu analysieren und Muster zu erkennen, hat die Art und Weise, wie wir soziale Medien nutzen, revolutioniert und ermöglicht eine individuellere und ansprechendere Erfahrung.

Einkaufsassistenten

Die Integration von KI in den E-Commerce-Bereich hat das Einkaufen revolutioniert. KI-gestützte Einkaufsassistenten bieten den Nutzern **personalisierte Produktempfehlungen**, **Preisüberwachung** und die Möglichkeit, **Angebote in Online-Shops zu vergleichen**. Plattformen wie *Amazon* und *eBay* nutzen KI, um das Kaufverhalten der Nutzer zu analysieren und maßge-

schneiderte Vorschläge zu unterbreiten, die auf früheren Käufen und Suchanfragen basieren.

Diese Technologien ermöglichen es den Verbrauchern, informierte Entscheidungen zu treffen und Geld zu sparen, indem sie die besten Angebote finden. Darüber hinaus können KI-gestützte Tools auch in der Lage sein, **Preisveränderungen** in Echtzeit zu **verfolgen** und Nutzer zu benachrichtigen, wenn ein **gewünschtes Produkt im Preis gesenkt** wird. Diese Funktion erhöht nicht nur die Effizienz des Einkaufens, sondern sorgt auch für eine bessere Nutzererfahrung, da die Kunden sich auf die Suche nach dem perfekten Angebot konzentrieren können, ohne von irrelevanten Informationen überflutet zu werden.

Die Nutzung von KI im Alltag

Emotionale Unterstützung und Sicherheit

Hier geht es um die Bereitstellung emotionaler Unterstützung durch KI-gestützte **Chatbots** und **Apps** sowie die **Verbesserung der Sicherheit** durch intelligente Überwachungssysteme.

Emotionale Unterstützung durch KI-gestützte Chatbots

Die psychische Gesundheit ist ein zunehmend wichtiges Thema in der heutigen Gesellschaft, und viele Menschen suchen nach Wegen, um mit Stress, Angst und anderen emotionalen Herausforderungen umzugehen. **KI-gestützte Chatbots** und Apps bieten eine innovative Lösung, indem sie Nutzern emotionale Unterstützung in Echtzeit anbieten. Diese Technologien sind darauf ausgelegt, Gespräche zu führen, die empathisch und verständnisvoll sind, und sie können Nutzern helfen, ihre Gedanken und Gefühle auszudrücken.

Ein Beispiel für eine solche Anwendung ist z.B. *Woebot*, ein KI-gestützter Chatbot, der auf **kognitive Verhaltenstherapie** (CBT) basiert. *Woebot* nutzt natürliche Sprachverarbeitung, um mit Nutzern zu interagieren und ihnen Werkzeuge an die Hand zu geben, die ihnen helfen, ihre Emotionen besser zu verstehen und zu bewältigen. Diese Art von Unterstützung ist besonders wertvoll für Menschen, die möglicherweise keinen Zugang zu professioneller Hilfe haben oder sich nicht wohl dabei fühlen, mit einem Therapeuten zu sprechen.

Die Anonymität und Zugänglichkeit solcher Tools ermöglichen es Nutzern, ihre Sorgen und Ängste in einem sicheren Raum zu teilen. Darüber hinaus sind viele dieser Anwendungen rund um die Uhr verfügbar, was bedeutet, dass Hilfe immer dann bereitsteht, wenn sie benötigt wird. Diese Form der emotionalen Unterstützung kann dazu beitragen, das Gefühl der Isolation zu verringern und den Nutzenden zu helfen, Strategien zur Bewältigung von Stress und Angst zu entwickeln.

Sicherheit durch KI-gestützte Überwachungssysteme

Neben der emotionalen Unterstützung spielt KI auch eine entscheidende Rolle im Bereich der Sicherheit. KI-gestützte **Überwachungssysteme** für zu Hause bieten eine innovative Möglichkeit, die **Sicherheit von Wohnräumen** zu erhöhen. Diese Systeme nutzen fortschrittliche Algorithmen zur **Analyse von**

Videodaten und zur **Erkennung ungewöhnlicher Aktivitäten**.

Moderne Sicherheitskameras sind mit KI-Technologie ausgestattet, die es ihnen ermöglicht, zwischen normalen Bewegungen (wie Haustieren oder vorbeigehenden Passanten) und potenziell verdächtigen Aktivitäten (wie unbefugtem Zutritt) zu unterscheiden. Wenn eine verdächtige Aktivität erkannt wird, kann das System sofort **Alarm** schlagen oder den Nutzenden über eine mobile App benachrichtigen. Diese proaktive Überwachung gibt den Nutzern ein höheres Gefühl der Sicherheit und Kontrolle über ihre Umgebung.

Ein weiterer Vorteil solcher Systeme ist die Möglichkeit der **Fernüberwachung**. Nutzer können über ihre Smartphones auf Live-Streams ihrer Überwachungskameras zugreifen und erhalten Benachrichtigungen in Echtzeit, wenn etwas Ungewöhnliches passiert. Dies erhöht nicht nur die Sicherheit, sondern auch das Vertrauen der Nutzenden in ihre Umgebung, besonders wenn sie längere Zeit abwesend sind.

Diese Liste der Nutzungsmöglichkeiten von privaten Nutzern der KI ist nicht abschließend, da die Anwendungen von KI ständig wachsen und sich weiterentwickeln.

Effiziente und preissparende Einsetzung von KI im Wohnungsbau:

Perspektiven der Bauherren

Die Bauindustrie steht vor einer Vielzahl von Herausforderungen, darunter steigende Kosten, Zeitdruck und ein wachsender Bedarf an nachhaltigen Lösungen. In diesem Kontext gewinnt die Künstliche Intelligenz (KI) zunehmend an Bedeutung. Besonders im Wohnungsbau, sei es im privaten oder öffentlichen Sektor, bietet der Einsatz von KI das Potenzial, die Effizienz zu steigern und Kosten zu senken. Besonders im Hinblick auf eine **serielle Bauweise** zeigt sich, wie KI nicht nur die Planung und Ausführung, sondern auch die gesamte Wertschöpfungskette optimieren kann.

Automatisierte Planung und Designoptimierung
Einer der größten Vorteile von KI im Wohnungsbau ist die Möglichkeit der automatisierten Planung und Designoptimierung. Algorithmen können große Datenmengen analysieren, um optimale Grundrisse und Designs zu erstellen, die sowohl ästhetischen als auch funktionalen Anforderungen gerecht werden. Bauherren profitieren von dieser Effizienz, da sie nicht nur Zeit sparen, sondern auch von maßgeschneiderten Lösungen profitieren können, die auf spezifische Standortbedingungen und Bedürfnisse abgestimmt sind.

Durch den Einsatz von KI-gestützten Designwerkzeugen können Bauherren zudem verschiedene Szenarien simulieren, um die besten Entscheidungen hinsichtlich Raumaufteilung, Energieeffizienz und Materialverwendung zu treffen. Dies führt zu einer höheren Planungssicherheit und minimiert das Risiko von kostspieligen Änderungen während der Bauphase.

2. Optimierung der Materialbeschaffung

Ein weiterer Bereich, in dem KI erhebliche Vorteile bietet, ist die **Materialbeschaffung**. Durch den Einsatz von KI-gestützten *Prognosemodellen* können Bauherren die benötigten Materialien präzise planen und beschaffen. Dies reduziert nicht nur die **Lagerhaltungskosten**, sondern minimiert auch **Materialverschwendung**, was in einer seriellen Bauweise besonders wichtig ist. Wenn Materialien in großen Mengen beschafft werden, können Bauherren zudem von besseren Preisen und Konditionen profitieren.

Effiziente Baustellenlogistik

Die Logistik auf Baustellen ist oft komplex und fehleranfällig. KI kann hier helfen, indem sie Baustellenabläufe optimiert, den Materialfluss überwacht und Engpässe vorhersagt. Durch den Einsatz von KI-gestützten Systemen können Bauherren sicherstellen, dass benötigte Materialien zur richtigen Zeit am richtigen Ort bereitstehen. Dies führt zu einer

Reduzierung von Verzögerungen und damit zu einer schnelleren Fertigstellung von Projekten.

Qualitätskontrolle und Wartungsmanagement

KI kann auch eine zentrale Rolle in der Qualitätskontrolle spielen. Durch den Einsatz von **Bildverarbeitungs**- und **Sensorik-Technologien** können Bauherren sicherstellen, dass die Bauarbeiten den festgelegten Standards entsprechen. Abweichungen können frühzeitig erkannt und korrigiert werden, was kostspielige Nachbesserungen vermeidet.

Darüber hinaus kann KI auch im **Wartungsmanagement** eingesetzt werden. Durch die **Analyse von Daten** aus Sensoren und IT-Geräten können Bauherren vorausschauende Wartungsstrategien entwickeln, die teure Reparatur- und Ausfallzeiten minimieren. Dies erhöht nicht nur die Lebensdauer der Gebäude, sondern sorgt auch für eine höhere Zufriedenheit der Nutzer.

5. Nachhaltigkeit und Ressourcenschonung

Im Hinblick auf die steigenden Anforderungen an nachhaltiges Bauen kann KI auch zur Optimierung von Energieeffizienz und Ressourcenschonung beitragen. Durch die Analyse von Verbrauchsdaten können Bauherren Maßnahmen zur Reduzierung des Energieverbrauchs ergreifen und somit nicht nur Kosten sparen, sondern auch einen Beitrag zum Klimaschutz leisten.

Vorteile für Bauämter

Die Revolution der Bauämter durch KI und serielle Bauweise

In der heutigen Zeit sehen sich Bauämter weltweit mit einer Vielzahl von Herausforderungen konfrontiert. Diese reichen von der Notwendigkeit, **Genehmigungsprozesse zu beschleunigen**, über die Sicherstellung hoher **Bauqualität** bis hin zur effizienten **Ressourcenplanung**. Die Kombination von Künstlicher Intelligenz (KI) und serieller Bauweise bietet eine vielversprechende Lösung, um diese Herausforderungen anzugehen und gewaltige Fortschritte in der Bauverwaltung zu erzielen.

Vereinfachte Genehmigungsverfahren

Einer der größten Vorteile der seriellen Bauweise in Verbindung mit KI ist die **Vereinfachung der Genehmigungsverfahren**. Durch den Einsatz von vorgefertigten, standardisierten Entwürfen können Bauämter Genehmigungen schneller erteilen. KI-gestützte Systeme können die Entwürfe automatisch auf ihre Konformität mit den geltenden Baunormen und Vorschriften überprüfen. Dies reduziert nicht nur den Zeitaufwand für die **Prüfung von Bauanträgen**, sondern verringert auch die Fehlerquote, die häufig bei manuellen Prüfungen auftritt. Die Möglichkeit, Genehmigungen effizienter zu erteilen, führt zu einer schnelleren Realisierung von Bauprojekten und einem insgesamt dynamischeren Bauumfeld.

Effiziente Ressourcenplanung

Bauämter sind oft mit der Herausforderung konfrontiert, ihre Ressourcen effektiv zu planen und einzusetzen. Mit der Einführung von seriellen Bauweisen, die auf wiederkehrenden Bauprojekten basieren, können Bauämter ihre **Planungsprozesse** erheblich optimieren. KI kann dabei helfen, historische Daten zu analysieren und Muster in den Ressourcenanforderungen zu erkennen. So können Bauämter präzise Vorhersagen über den *Materialbedarf*, die Anzahl der benötigten *Arbeitskräfte* und die erforderlichen *Maschinen* treffen. Diese Effizienz führt nicht nur zu **Kosteneinsparungen**, sondern auch zu einer besseren **Planung der Bauzeiten** und einer Reduzierung von Verzögerungen.

Erhöhung der Bauqualität

Ein weiterer signifikanter Vorteil der Kombination von KI und serieller Bauweise ist die Erhöhung der **Bauqualität**. Standardisierte Bauweisen ermöglichen es Bauämtern, sicherzustellen, dass die Qualität der Bauarbeiten gleichbleibend hoch ist und den erforderlichen Normen entspricht. KI-gestützte Qualitätskontrollsysteme können in Echtzeit Daten sammeln und analysieren, um **potenzielle Mängel frühzeitig zu identifizieren**. Dies ermöglicht eine proaktive Herangehensweise an die **Qualitätssicherung** und minimiert die Notwendigkeit für kostspielige Nachbesserungen oder Nachprüfungen. Durch die Gewährleistung einer hohen Bauqualität stärken Bauämter das Vertrauen der Öffentlichkeit.

Bessere Nachverfolgbarkeit

Die Nachverfolgbarkeit von Bauaktivitäten und Baustandards ist ein entscheidender Aspekt der Bauverwaltung. Standardisierte Projekte, die durch KI unterstützt werden, erleichtern die Dokumentation und Nachverfolgung von Baufortschritten. KI-Systeme können automatisch Daten zu Bauzeiten, Materialverbrauch und Arbeitsleistungen sammeln und auswerten. Dies führt zu einer verbesserten Überwachung und Kontrolle der Bauarbeiten, wodurch Bauämter in der Lage sind, Probleme frühzeitig zu erkennen und zu beheben. Eine bessere Nachverfolgbarkeit führt auch zu einer höheren Transparenz und Verantwortlichkeit in der Bauverwaltung.

Förderung von Innovation und Nachhaltigkeit

Die Integration von KI in die serielle Bauweise fördert nicht nur Effizienz und Qualität, sondern auch Innovation und Nachhaltigkeit. Bauämter können KI-gestützte Analysen nutzen, um umweltfreundliche Materialien und Baupraktiken zu identifizieren und zu implementieren. Die Möglichkeit, nachhaltige Bauweisen zu fördern, ist besonders wichtig in einer Zeit, in der der Klimaschutz und die Ressourcenschonung immer mehr in den Fokus rücken. Durch die Kombination von KI und serieller Bauweise können Bauämter nicht nur den aktuellen Anforderungen gerecht werden, sondern auch zukunftsorientierte Lösungen entwickeln.

Vorteile der seriellen Bauweise in Verbindung mit KI für Prüfer

Die Bauindustrie steht vor einer Vielzahl von Herausforderungen, darunter steigende Kosten, Zeitdruck und der Bedarf an hoher Bauqualität. Eine vielversprechende Lösung, die sowohl Effizienz als auch Qualität in den Mittelpunkt rückt, ist die Kombination von serieller Bauweise und Künstlicher Intelligenz (KI). Diese innovative Herangehensweise bietet nicht nur Vorteile für Bauherren und Architekten, sondern auch für die **Prüfer**, die für die Qualitätssicherung und die Einhaltung von Bauvorschriften verantwortlich sind. Im Folgenden werden die wesentlichen Vorteile für Prüfer erläutert, die sich aus der Anwendung der seriellen Bauweise in Verbindung mit KI ergeben.

Einheitliche Prüfstandards

Einer der herausragendsten Vorteile der seriellen Bauweise ist die Möglichkeit, **einheitliche Prüfstandards** zu etablieren. Bei der seriellen Bauweise werden standardisierte Designs und Materialien verwendet, was bedeutet, dass Prüfer auf festgelegte Kriterien zurückgreifen können. Diese **Standardisierung** vereinfacht die Durchführung von Prüfungen erheblich. Prüfer müssen nicht jedes Mal individuelle Anpassungen berücksichtigen, sondern können sich auf vorher festgelegte Normen stützen. Dies führt zu einer einheitlichen und transparenten Prüfmethodik, die sowohl die Effizienz steigert als auch die Qualitätssicherung verbessert.

Reduzierung des Prüfaufwands

Ein weiterer Vorteil der Kombination von serieller Bauweise und KI ist die Reduzierung des Prüfaufwands. Durch den Einsatz von KI-gestützten Analysewerkzeugen können Prüfer auf Daten und Erfahrungen aus vorherigen Projekten zurückgreifen. KI kann Muster und Trends identifizieren, die aus den gesammelten Daten resultieren, und diese Informationen den Prüfern zur Verfügung stellen. Dadurch wird der Prüfprozess nicht nur effizienter, sondern auch präziser. Prüfer können sich auf die kritischen Aspekte konzentrieren, die potenziell problematisch sind, anstatt jeden einzelnen Schritt des Bauprozesses zu überprüfen. Dies ermöglicht eine gezielte und risikobasierte Herangehensweise an die Qualitätssicherung.

Schnellere Abnahmeverfahren

Die Verwendung standardisierter Designs in der seriellen Bauweise führt außerdem zu schnelleren Abnahmeverfahren. Da die Bauprojekte auf vorgefertigten und bewährten Entwürfen basieren, sind weniger individuelle Anpassungen und Prüfungen erforderlich. Dies beschleunigt den gesamten Abnahmeprozess erheblich. Prüfer können sich darauf verlassen, dass die geprüften Elemente den festgelegten Standards entsprechen, was die Zeit, die für die Abnahme benötigt wird, erheblich verkürzt. Dies ist besonders wichtig in einem Umfeld, in dem Zeit ein entscheidender Faktor ist, und ermöglicht eine schnellere Fertigstellung von Projekten.

Verbesserung der Qualitätssicherung durch KI

Die Integration von KI in den Prüfprozess bietet zudem die Möglichkeit, die Qualitätssicherung weiter zu verbessern. KI-gestützte Systeme können in Echtzeit Daten sammeln und analysieren, um potenzielle Risiken und Mängel frühzeitig zu identifizieren. Diese vorausschauende Herangehensweise ermöglicht es Prüfern, proaktiv zu handeln und Probleme zu beheben, bevor sie sich zu größeren Herausforderungen entwickeln. Durch die Kombination von KI mit der seriellen Bauweise können Prüfer nicht nur die Einhaltung von Vorschriften sicherstellen, sondern auch die Gesamteffizienz der Bauprojekte steigern.

Höhere Transparenz und Nachverfolgbarkeit

Die Verwendung von KI in der seriellen Bauweise bietet auch Vorteile in Bezug auf Transparenz und Nachverfolgbarkeit. KI-Systeme können umfassende Datenbanken führen, in denen alle relevanten Informationen zu Materialien, Bauprozessen und Prüfungen gespeichert sind. Dies ermöglicht es Prüfern, jederzeit auf relevante Daten zuzugreifen und den Fortschritt von Bauprojekten genau nachzuvollziehen. Eine höhere Transparenz fördert das Vertrauen in den Prüfprozess und erleichtert die Zusammenarbeit zwischen Prüfern, Bauherren und anderen Beteiligten.

Die Vorteile serieller Bauweisen für die Gesellschaft:

Ein Weg zu bezahlbarem Wohnraum und sozialer Integration

In der heutigen Zeit, in der die urbanen Räume zunehmend wachsen und die Nachfrage nach Wohnraum stetig steigt, stehen Städte und Gemeinden vor der Herausforderung, eine angemessene Anzahl an Wohnmöglichkeiten zu schaffen. Dies ist nicht nur eine Frage des Wohnraums, sondern auch der sozialen Gerechtigkeit und der ökologischen Verantwortung. Serielle Bauweisen, die auf der Idee der Standardisierung und Vorfertigung basieren, bieten eine innovative Lösung, um diesen Herausforderungen zu begegnen. Die Vorteile, die sich aus der Anwendung dieser Bauweise ergeben, sind nicht nur ökonomischer Natur, sondern wirken sich auch positiv auf die Gesellschaft als Ganzes aus.

Bezahlbarer Wohnraum

Einer der offensichtlichsten Vorteile serieller Bauweisen für die Gesellschaft ist die Schaffung von bezahlbarem Wohnraum. Die Kosteneinsparungen, die durch effizientere Bauprozesse und den Einsatz von vorgefertigten Komponenten erzielt werden, ermöglichen es, mehr Wohnprojekte zu realisieren. Dies ist besonders wichtig in Zeiten, in denen die Immobilienpreise in vielen Städten explodieren und die mittleren und unteren Einkommensschichten zunehmend unter Druck geraten. Durch die schnellere Fertigstellung von Wohnprojekten können Städte und Gemeinden mehr Wohnraum für verschiedene Einkommensklassen bereitstellen. Dies führt nicht nur zu einer Entlastung des Wohnungsmarktes, sondern auch zu einer Verbesserung der Lebensqualität für viele Bürger.

Nachhaltigkeit

Ein weiterer entscheidender Vorteil der seriellen Bauweise ist die Möglichkeit, nachhaltigere Baupraktiken zu implementieren. Serielle Bauweisen ermöglichen es, umweltfreundlichere Materialien und Techniken zu nutzen, die den ökologischen Fußabdruck reduzieren. Durch die Vorfertigung von Bauteilen können Ressourcen effizienter eingesetzt werden, was zu weniger Abfall und einer geringeren Umweltbelastung führt. Zudem können Gebäude so konzipiert werden, dass sie energieeffizient sind und erneuerbare Energien nutzen. Dies ist nicht nur ein Gewinn für die Umwelt, sondern auch für die Gesellschaft, da nachhaltige Gebäude langfristig Kosten sparen und den Lebensstandard der Bewohner erhöhen.

Städtebau und Stadtplanung

Die Entwicklung von standardisierten, repräsentativen Gebäuden kann auch die Stadtplanung erheblich erleichtern. Serielle Bauweisen bieten die Möglichkeit, ein einheitliches Stadtbild zu schaffen, das dennoch unterschiedliche Nutzungen unterstützt. Dies ist besonders wichtig in urbanen Gebieten, in denen der Platz begrenzt ist. Durch die Integration von Wohnraum, Gewerbe und öffentlichen Räumen in einem harmonischen Design können Städte lebenswerter und funktionaler gestaltet werden. Eine gut geplante städtische Umgebung fördert nicht nur die Lebensqualität der Bewohner, sondern trägt auch zur wirtschaftlichen Vitalität der Region bei.

Soziale Integration

Ein weiterer bedeutender Aspekt der seriellen Bauweise ist die Förderung der sozialen Integration. Durch die Schaffung von Wohnraum für verschiedene Einkommensklassen an einem Ort können Gemeinschaften gebildet werden, in denen Menschen unterschiedlicher sozialer und wirtschaftlicher Hintergründe zusammenleben. Diese Art der sozialen Durchmischung ist entscheidend für das Zusammenleben in urbanen Räumen und trägt dazu bei, Vorurteile abzubauen und den sozialen Zusammenhalt zu stärken. Eine vielfältige Nachbarschaft ermöglicht es den Bewohnern, voneinander zu lernen und gemeinsame Werte zu entwickeln, was zu einer harmonischeren Gesellschaft führt.

Serielle Bauweisen können insgesamt eine innovative Lösung für viele Herausforderungen in der Bauindustrie darstellen und helfen, die Wohnungsbauprobleme zu lösen.

Gesundheit

Gesundheitswesen im Wandel: Die Rolle der Künstlichen Intelligenz

Das Gesundheitswesen befindet sich in einem ständigen Wandel, geprägt von technologischen Innovationen und dem Streben nach effizienteren, genaueren und patientenorientierten Lösungen. Unter diesen Innovationen spielt die Künstliche Intelligenz (KI) eine zunehmend zentrale Rolle. Sie hat das Potenzial, die Art und Weise, wie Diagnosen gestellt, Behandlungen durchgeführt und Patientendaten verwaltet werden, grundlegend zu verändern. Es geht darum, die verschiedenen Anwendungen von KI im Gesundheitswesen und die damit verbundenen Chancen und Herausforderungen zu benennen.

Diagnose und medizinische Bildanalyse

Die Fähigkeit von KI-Systemen, große Datenmengen zu analysieren, hat die Diagnostik revolutioniert. Algorithmen, die auf maschinellem Lernen basieren, können Muster in medizinischen Bildern erkennen, die für das menschliche Auge möglicherweise unsichtbar sind. Beispielsweise werden KI-gestützte Systeme bereits zur Diagnose von Krankheiten wie Krebs eingesetzt, indem sie Röntgenbilder, CT-Scans und MRTs analysieren. Studien zeigen, dass KI in vielen Fällen genauere Diagnosen stellen kann als menschliche Radiologen, was zu einer schnelleren und präziseren Behandlung führt.

Personalisierte Medizin

Ein weiterer bedeutender Bereich, in dem KI eine Schlüsselrolle spielt, ist die personalisierte Medizin. Durch die Analyse genetischer Informationen und anderer biometrischer Daten können KI-Systeme maßgeschneiderte Behandlungspläne entwickeln, die auf die individuellen Bedürfnisse und Merkmale der Patienten abgestimmt sind. Dies ermöglicht nicht nur eine gezielte Therapie, sondern minimiert auch das Risiko von Nebenwirkungen, die bei Standardbehandlungen häufig auftreten. Die Kombination von KI mit genetischen (genomischen) Daten könnte in den kommenden Jahren zu bahnbrechenden Fortschritten in der Krebsbehandlung und anderen chronischen Erkrankungen führen.

Verwaltung von Patientendaten

Die effiziente Verwaltung von Patientendaten ist eine weitere Herausforderung im Gesundheitswesen, die durch KI adressiert werden kann. Elektronische Gesundheitsakten (EHR) sind mittlerweile weit verbreitet, doch ihre effektive Nutzung erfordert eine intelligente Datenanalyse. KI kann dabei helfen, relevante Informationen schneller zu extrahieren, um medizinische Entscheidungen zu unterstützen, und kann auch zur Vorhersage von Patientenergebnissen beitragen. Darüber hinaus können KI-gestützte Chatbots und virtuelle Assistenten Patienten bei der Terminvereinbarung oder der Beantwortung häufig gestellter Fragen unterstützen, was die Arbeitslast des medizinischen Personals reduziert.

Medikamentenentwicklung und Krankheitsvorhersage

Die Entwicklung neuer Medikamente ist oft ein langwieriger und kostspieliger Prozess. KI kann diesen Prozess erheblich beschleunigen, indem sie potenzielle Wirkstoffe identifiziert und deren Wirksamkeit in frühen Phasen der Forschung bewertet. Durch Simulationen und Datenanalysen kann KI helfen, vielversprechende Kandidaten auszuwählen und die Zeit bis zur Markteinführung neuer Medikamente zu verkürzen.

Darüber hinaus spielt KI eine wichtige Rolle bei der Vorhersage von *Krankheitsausbrüchen*. Durch die Analyse von Daten aus verschiedenen Quellen, einschließlich sozialer Medien und epidemiologischer Berichte, können KI-Systeme *Muster* erkennen, die auf bevorstehende Ausbrüche hinweisen. Dies ermöglicht eine proaktive Reaktion und eine bessere Vorbereitung auf potenzielle Gesundheitskrisen.

Herausforderungen und ethische Überlegungen

Trotz der vielen Vorteile, die KI im Gesundheitswesen bietet, gibt es auch erhebliche Herausforderungen. Der Datenschutz und die Sicherheit von Patientendaten sind von größter Bedeutung, insbesondere in einer Zeit, in der Cyberangriffe auf Gesundheitseinrichtungen zunehmen. Zudem müssen die Algorithmen transparent und nachvollziehbar sein, um das Vertrauen der Patienten und des medizinischen Personals zu gewinnen.

Ein weiteres wichtiges Thema ist die Sicherstellung der Chancengleichheit. KI-Systeme müssen so entwickelt werden, dass sie nicht unbeabsichtigt bestehende Ungleichheiten im Gesundheitswesen verstärken. Es ist entscheidend, dass die zugrundeliegenden Daten divers und repräsentativ sind, um Verzerrungen zu vermeiden.

Der Umgang mit Lobbygruppen, die das Gesundheitswesen abschöpfen

Die Herausforderung, die durch mächtige **Lobbygruppen** im Gesundheitswesen entsteht, ist komplex und tief verwurzelt in den wirtschaftlichen und politischen Strukturen vieler Länder. Diese Gruppen, darunter **Ärzteverbände**, **Pharmaunternehmen**, **Apotheken** und zunehmend auch **Einzelhandelsunternehmen**, haben oft erheblichen Einfluss auf die Preisgestaltung und die Verfügbarkeit von Gesundheitsdiensten und -produkten. Künstliche Intelligenz (KI) könnte in einigen Aspekten dazu beitragen, diese Probleme zu adressieren, jedoch ist sie kein Allheilmittel. Hier sind einige Überlegungen dazu, wie KI möglicherweise helfen könnte und welche Grenzen sie hat:

Potenzielle Beiträge von KI
Transparenz und Datenanalyse: KI kann helfen, Transparenz im Gesundheitswesen zu schaffen, indem sie große Datenmengen analysiert und Muster in den Preisen von Medikamenten, Behandlungen

und Dienstleistungen identifiziert. Durch die Veröffentlichung dieser Daten könnten Patienten und Entscheidungsträger besser informierte Entscheidungen treffen, was den Druck auf Lobbygruppen erhöhen könnte, faire Preise anzubieten.

Optimierung von Ressourcen: KI kann dazu beitragen, die Effizienz im Gesundheitswesen zu steigern, indem sie Prozesse optimiert und Ressourcen besser verteilt. Eine effizientere Nutzung von Gesundheitsressourcen könnte die Kosten senken und die Abhängigkeit von bestimmten Lobbygruppen verringern.

Evidenzbasierte Entscheidungsfindung: KI kann die klinische Entscheidungsfindung unterstützen, indem sie evidenzbasierte Empfehlungen gibt, die auf den besten verfügbaren Daten basieren. Dies könnte dazu führen, dass medizinische Entscheidungen weniger von wirtschaftlichen Interessen beeinflusst werden.

Vorhersagemodelle: KI-gestützte Vorhersagemodelle könnten dazu beitragen, zukünftige Gesundheitsbedarfe besser zu planen und zu steuern, was den Einfluss von Lobbygruppen auf die Angebotsgestaltung verringern könnte.

Grenzen und Herausforderungen
Regulatorische Rahmenbedingungen: KI kann nur innerhalb der bestehenden gesetzlichen und regulatorischen Rahmenbedingungen wirken. Wenn diese Rahmenbedingungen von Lobbyinteressen geprägt sind, wird es schwierig sein, grundlegende

Veränderungen zu bewirken, selbst wenn KI-Technologien vorhanden sind.

Bias in den Daten: KI-Systeme sind nur so gut wie die Daten, auf denen sie trainiert werden. Wenn die Daten, die zur Entwicklung von KI-Modellen verwendet werden, von Lobbyinteressen oder bestimmten Marktbedingungen beeinflusst sind, können die Ergebnisse verzerrt sein und die Probleme im Gesundheitswesen nicht effektiv angehen.

Akzeptanz durch Fachkräfte: Die Einführung von KI in die medizinische Praxis erfordert die Akzeptanz von Ärzten und anderen Gesundheitsdienstleistern. Wenn diese Gruppen das Gefühl haben, dass KI ihre Autonomie gefährdet oder ihre wirtschaftlichen Interessen beeinträchtigt, könnte es Widerstand gegen die Implementierung geben.

Ethik und Datenschutz: Die Nutzung von KI im Gesundheitswesen wirft auch ethische und datenschutzrechtliche Fragen auf. Die Sicherstellung, dass Patientendaten sicher und verantwortungsvoll verwendet werden, ist entscheidend, um Vertrauen in KI-Anwendungen zu schaffen.

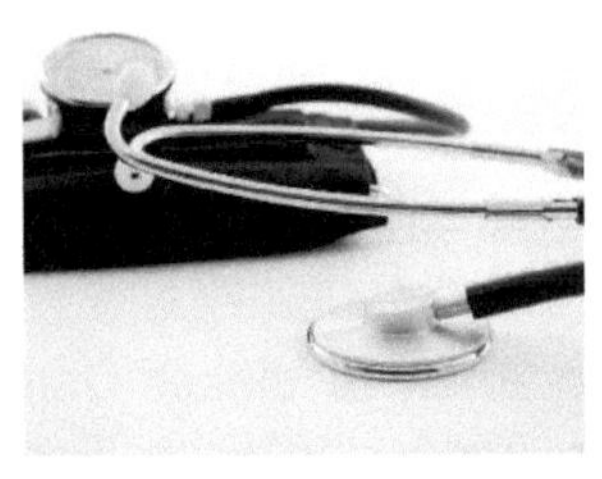

Die Rolle der Künstlichen Intelligenz in der Gesundheitsüberwachung und Emotionserkennung

Die Künstliche Intelligenz (KI) hat in den letzten Jahren einen tiefgreifenden Einfluss auf das Gesundheitswesen ausgeübt. Zwei besonders vielversprechende Anwendungsbereiche sind die Gesundheitsüberwachung durch tragbare Technologien und die Emotionserkennung. Diese Technologien bieten nicht nur neue Möglichkeiten zur Verbesserung der Patientenversorgung, sondern auch zur Förderung des allgemeinen Wohlbefindens. Es geht um die die Funktionsweise und die Vorteile dieser Technologien sowie die Herausforderungen, die mit ihrer Implementierung verbunden sind, zu untersuchen.

Gesundheitsüberwachung durch tragbare Technologien

Die Integration von KI in tragbare Technologien hat die Art und Weise revolutioniert, wie wir unsere Gesundheit überwachen. Geräte wie Smartwatches, Fitness-Tracker und tragbare EKG-Monitore sind nur einige Beispiele für Technologien, die es den Nutzern ermöglichen, ihre Gesundheitsdaten in Echtzeit zu verfolgen. Diese Geräte sind mit Sensoren ausgestattet, die verschiedene biometrische Daten erfassen, darunter Herzfrequenz, Blutdruck, Schlafmuster und körperliche Aktivität.

Die KI-gestützte Analyse dieser Daten kann Frühwarnsignale für gesundheitliche Probleme liefern.

Beispielsweise können Algorithmen, die auf maschinellem Lernen basieren, Muster in den gesammelten Daten erkennen, die auf potenzielle Gesundheitsrisiken hinweisen. Ein Anstieg der Herzfrequenz oder ungewöhnliche Muster im Schlaf können auf Stress oder andere gesundheitliche Probleme hinweisen. In solchen Fällen kann das System den Nutzer warnen und ihn anregen, einen Arzt aufzusuchen oder Änderungen im Lebensstil vorzunehmen.

Darüber hinaus können tragbare Technologien nicht nur individuelle Gesundheitsdaten überwachen, sondern auch aggregierte Daten zur Analyse von Gesundheitstrends in der Bevölkerung liefern. Diese Informationen können für öffentliche Gesundheitsinitiativen genutzt werden, um besser auf Epidemien oder gesundheitliche Krisen zu reagieren. Durch die Erfassung und Analyse von Daten in Echtzeit können Entscheidungsträger schneller und fundierter handeln.

Emotionserkennung

Ein weiterer faszinierender Bereich, in dem KI Anwendung findet, ist die Emotionserkennung. Diese Technologie nutzt Algorithmen zur Analyse von Gesichtsausdrücken, Stimme und sogar Körpersprache, um die emotionalen Zustände einer Person zu erkennen. In der Gesundheitsversorgung kann die Emotionserkennung dazu beitragen, das psychische Wohlbefinden von Patienten zu überwachen und zu verbessern.

Durch die Analyse von Gesichtsausdrücken kann KI beispielsweise erkennen, ob ein Patient Anzeichen von Angst, Depression oder Stress zeigt. Diese Informationen können für Therapeuten und medizinisches Personal von unschätzbarem Wert sein, da sie Einblicke in den emotionalen Zustand des Patienten bieten und eine individuellere Betreuung ermöglichen. In der **Telemedizin** kann die Emotionserkennung dazu beitragen, die Interaktion zwischen Arzt und Patient zu verbessern, indem sie dem Arzt ermöglicht, auf emotionale Veränderungen zu reagieren, die möglicherweise nicht verbal geäußert werden.

Die Fähigkeit, Emotionen zu erkennen und darauf zu reagieren, kann auch in der Behandlung von psychischen Erkrankungen von Bedeutung sein. KI-gestützte Systeme könnten Patienten dabei unterstützen, ihre Emotionen besser zu verstehen und geeignete Bewältigungsstrategien zu entwickeln. Darüber hinaus könnten emotionale Daten in Kombination mit anderen Gesundheitsdaten genutzt werden, um ein umfassenderes Bild des Patienten zu erhalten und die Behandlung entsprechend anzupassen.

Herausforderungen und ethische Überlegungen
Trotz der vielversprechenden Vorteile, die KI in der Gesundheitsüberwachung und Emotionserkennung bietet, gibt es auch erhebliche Herausforderungen. Datenschutz und Datensicherheit sind zentrale Anliegen, insbesondere wenn es um sensible Gesundheitsdaten geht. Es ist entscheidend, dass die

gesammelten Daten sicher gespeichert und verarbeitet werden, um das Vertrauen der Nutzer zu gewinnen.

Ein weiteres Problem ist die potenzielle Verzerrung in den Algorithmen, die auf den Daten basieren, mit denen sie trainiert wurden. Wenn diese Daten nicht repräsentativ sind oder Vorurteile enthalten, können die Ergebnisse ungenau oder sogar schädlich sein. Daher ist es wichtig, dass Entwickler von KI-Technologien sicherstellen, dass ihre Modelle vielfältige und ausgewogene Datensätze verwenden.

Zudem müssen ethische Überlegungen angestellt werden, insbesondere in Bezug auf die Verwendung von Emotionserkennungssoftware. Die Interpretation von Emotionen ist komplex und kann von kulturellen, sozialen und individuellen Faktoren beeinflusst werden. Ein Missbrauch dieser Technologie könnte zu Fehleinschätzungen und Stigmatisierung führen.

Antibiotika-Resistenzforschung

Der Einsatz von Künstlicher Intelligenz in der medizinischen Forschung

Die Antibiotika-Resistenz stellt eine der größten Herausforderungen für die moderne Medizin dar. Jährlich sterben weltweit Hunderttausende von Menschen an Infektionen, die durch resistente Bakterien verursacht werden. Die Entdeckung neuer Antibiotika verläuft schleppend, und die bestehenden Medikamente verlieren zunehmend ihre Wirksamkeit. In diesem Kontext gewinnt die Künstliche Intelligenz (KI) an Bedeutung. Sie bietet vielversprechende Ansätze, um **Muster in der Antibiotika-Resistenz** zu erkennen und neue Behandlungsmöglichkeiten zu entwickeln.

Die Dringlichkeit des Problems

Antibiotika sind seit ihrer Einführung in den 1940er Jahren ein entscheidendes Werkzeug im Kampf gegen bakterielle Infektionen. Doch die übermäßige und oft unangemessene Verwendung dieser Medikamente hat zur Entstehung resistenter Bakterienstämme geführt. Diese Resistenzen sind nicht nur auf Krankenhausinfektionen beschränkt, sondern betreffen auch die ambulante Versorgung. Die Weltgesundheitsorganisation (WHO) warnt vor einer „Post-Antibiotika-Ära", in der selbst die einfachsten Infektionen lebensbedrohlich werden können. Daher ist die Erforschung der Mechanismen, die hinter der Antibiotika-Resistenz stehen, von entscheidender Bedeutung.

Der Beitrag der Künstlichen Intelligenz

Künstliche Intelligenz hat das Potenzial, die Antibiotika-Resistenzforschung erheblich voranzutreiben. Durch den Einsatz von maschinellem Lernen können Forscher große Datenmengen analysieren, um Muster und Zusammenhänge zu erkennen, die mit herkömmlichen Methoden möglicherweise übersehen werden. Diese Daten können aus verschiedenen Quellen stammen, darunter genetische Sequenzen von Bakterien, klinische Studien, epidemiologische Daten und sogar soziale Medien, in denen Gesundheitsinformationen geteilt werden.

Ein Beispiel für den Einsatz von KI in der **Resistenzforschung** ist die Analyse von genomischen Daten. KI-Algorithmen können verwendet werden, um genetische Mutationen zu identifizieren, die mit Resistenzmechanismen in Verbindung stehen. Diese Informationen können dazu beitragen, neue Zielstrukturen für die Entwicklung von Antibiotika zu identifizieren oder bestehende Medikamente zu optimieren.

Prädiktive Modelle und personalisierte Medizin
Ein weiterer vielversprechender Anwendungsbereich von KI ist die Entwicklung prädiktiver Modelle, die vorhersagen, wie Bakterien auf bestimmte Antibiotika reagieren werden. Diese Modelle können Ärzten helfen, informierte Entscheidungen über die Behandlung von Patienten zu treffen und die Wahrscheinlichkeit von Therapieversagen zu reduzieren. Durch die Integration von KI in die klinische Praxis könnte eine personalisierte Medizin entstehen, bei der die Behandlung auf die individuellen genetischen Profile der Patienten und der Bakterien abgestimmt wird.

Herausforderungen und ethische Überlegungen
Trotz der vielversprechenden Möglichkeiten, die KI bietet, gibt es auch Herausforderungen und ethische

Überlegungen. Die Qualität der Daten ist entscheidend; fehlerhafte oder unzureichende Daten können zu falschen Schlussfolgerungen führen. Zudem müssen Datenschutz und ethische Standards bei der Verwendung von Patientendaten gewahrt bleiben. Es ist wichtig, dass die Forschung transparent bleibt und die Ergebnisse reproduzierbar sind.

Der Einsatz von KI in der Tiermedizin

Diagnostik, Verhalten und Pflege

Die Tiermedizin steht vor zahlreichen Herausforderungen, von der frühzeitigen Diagnose von Krankheiten bis zur effektiven Überwachung des Verhaltens von Haustieren. Mit dem Aufkommen der Künstlichen Intelligenz (KI) eröffnen sich neue Möglichkeiten, um diese Herausforderungen anzugehen. KI-Technologien können nicht nur die Diagnostik verbessern, sondern auch das Verhalten von Tieren in verschiedenen Kontexten, wie in Zoologischen Gärten und in der privaten Tierpflege, überwachen und analysieren. Es geht um die verschiedenen Anwendungen von KI in der Tiermedizin und -pflege betrachtet und die damit verbundenen Chancen und Herausforderungen diskutiert.

Diagnostik von Krankheiten

Die frühzeitige Erkennung von Krankheiten ist entscheidend, um die Lebensqualität von Tieren zu verbessern und ihre Behandlungsergebnisse zu optimieren. Traditionell basiert die Diagnostik in der Tiermedizin auf klinischen Untersuchungen, Laboranalysen und bildgebenden Verfahren. KI kann diesen Prozess durch die Analyse großer Datenmengen erheblich unterstützen. Durch maschinelles Lernen können Algorithmen Muster in den Daten erkennen, die auf bestimmte Krankheiten hinweisen.

Ein Beispiel dafür ist der Einsatz von KI in der Bilddiagnostik. KI-gestützte Systeme können Röntgenbilder, Ultraschallaufnahmen oder CT-Scans analysieren und Anomalien identifizieren, die für das menschliche Auge schwer zu erkennen sind. Diese Technologien können nicht nur die Genauigkeit der Diagnosen erhöhen, sondern auch die Zeit, die für die Analyse benötigt wird, erheblich verkürzen. Dies ist besonders wichtig in Notfallsituationen, in denen schnelle Entscheidungen getroffen werden müssen.

Verhalten und Wohlbefinden von Tieren

Das Verhalten von Tieren ist ein wichtiger Indikator für ihr Wohlbefinden. In Zoologischen Gärten und der privaten Tierpflege ist es von entscheidender Bedeutung, das Verhalten von Tieren zu überwachen, um sicherzustellen, dass sie in einer sicheren und gesunden Umgebung leben. KI kann hierbei eine zentrale Rolle spielen.

Durch den Einsatz von Kameras und Sensoren können Verhaltensdaten in Echtzeit erfasst und analysiert werden. KI-Algorithmen können dann Muster im Verhalten erkennen, wie z. B. Anzeichen von Stress, Langeweile oder Krankheit. In Zoologischen

Gärten können diese Daten dazu beitragen, die Lebensbedingungen der Tiere zu verbessern, indem sie den Pflegenden helfen, die Bedürfnisse der Tiere besser zu verstehen und entsprechend zu handeln. In der privaten Tierpflege können Haustierbesitzende durch solche Technologien frühzeitig auf Verhaltensänderungen reagieren und gegebenenfalls einen Tierarzt konsultieren.

Anwendungen in der Forschung und Weiterbildung

KI hat auch das Potenzial, die Forschung im Bereich Tierverhalten und -pflege voranzutreiben. Durch die Analyse von Verhaltensdaten können Forschende neue Erkenntnisse über die Bedürfnisse und das Verhalten von Tieren gewinnen. Diese Erkenntnisse können in die Gestaltung von Lebensräumen in Zoologischen Gärten einfließen und dazu beitragen, artgerechte Haltungsbedingungen zu schaffen.

Darüber hinaus kann KI in der Ausbildung von Tiermedizinern und Tierpflegern eingesetzt werden. Virtuelle Simulationen und KI-gestützte Lernplattformen können angehenden Fachleuten helfen, Diagnosen zu stellen und den Umgang mit verschiedenen Verhaltensweisen von Tieren zu erlernen.

Herausforderungen - ethische Überlegungen

Trotz der zahlreichen Vorteile, die KI in der Tiermedizin und -pflege bietet, gibt es auch Herausforderungen und ethische Überlegungen. Die Qualität der Daten ist entscheidend; ungenaue oder voreingenommene Daten können zu fehlerhaften Diagnosen oder Verhaltensanalysen führen. Zudem müssen die Privatsphäre und das Wohlbefinden der Tiere gewahrt bleiben, insbesondere wenn es um die Erfassung von Verhaltensdaten geht.

Es ist auch wichtig, dass die Technologie von Fachleuten genutzt wird, die über das notwendige Wissen und die Erfahrung verfügen, um die Ergebnisse korrekt zu interpretieren. KI sollte als unterstützendes Werkzeug betrachtet werden, nicht als Ersatz für das Fachwissen von Tiermedizinern und Tierpflegern.

Personalisierte Fitness- und Ernährungsberatung durch KI

In einer Zeit, in der Gesundheit und Wohlbefinden zunehmend in den Fokus der Gesellschaft rücken, gewinnen personalisierte Fitness- und Ernährungsstrategien an Bedeutung. Künstliche Intelligenz (KI) hat das Potenzial, diesen Bereich revolutionär zu verändern, indem sie maßgeschneiderte Programme zur Verbesserung der körperlichen Fitness und der Ernährungsgewohnheiten anbietet. Durch die Analyse individueller Daten kann KI nicht nur personalisierte Fitness- und Ernährungspläne erstellen, sondern auch den Fortschritt überwachen und Anpassungen in Echtzeit vornehmen. Es geht um die Beschreibung der Möglichkeiten, die KI in der personalisierten Fitness- und Ernährungsberatung bietet, die Vorteile für die Nutzer sowie die Herausforderungen und ethischen Überlegungen, die damit verbunden sind.

Die Rolle der Künstlichen Intelligenz

Künstliche Intelligenz ist in der Lage, große Datenmengen zu verarbeiten und Muster zu erkennen, die für den Menschen oft schwer zu identifizieren sind. In der personalisierten Fitness- und Ernährungsberatung können diese Daten aus verschiedenen Quellen stammen, darunter persönliche Gesundheitsdaten, Fitness-Tracker, Ernährungsprotokolle und sogar genetische Informationen. KI-Algorithmen analysieren diese Daten, um individuelle Bedürfnisse und Ziele zu ermitteln.

Beispielsweise kann eine KI-Anwendung den **Kalorienverbrauch** und die **Nährstoffaufnahme** eines Nutzers überwachen und darauf basierend einen maßgeschneiderten **Ernährungsplan erstellen**, der auf dessen *Vorlieben*, *Allergien* und spezifischen *Gesundheitszielen*, wie *Gewichtsreduktion* oder *Muskelaufbau*, abgestimmt ist. Ebenso kann die KI **Trainingspläne** generieren, die auf den Fitnesslevel, die verfügbaren Geräte und die persönlichen Vorlieben des Nutzers abgestimmt sind. Dies ermöglicht eine weitreichende Anpassung, die mit traditionellen Ansätzen der Fitness- und Ernährungsberatung oft nicht erreicht werden kann.

Vorteile der personalisierten Ansätze

Die Nutzung von KI in der Fitness- und Ernährungsberatung bietet zahlreiche Vorteile. Zunächst einmal wird die Wahrscheinlichkeit erhöht, dass Nutzer ihre Ziele erreichen, da die Pläne speziell auf ihre

Bedürfnisse zugeschnitten sind. Die Individualisierung fördert zudem die Motivation, da Nutzer in der Regel eher bereit sind, einen Plan zu befolgen, der auf ihren persönlichen Vorlieben basiert.

Ein weiterer Vorteil ist die kontinuierliche **Überwachung des Fortschritts**. KI-Systeme können in Echtzeit Daten sammeln und analysieren, um die Wirksamkeit der vorgeschlagenen Programme zu bewerten. Dies ermöglicht es, Anpassungen vorzunehmen, wenn die Nutzer nicht die gewünschten Ergebnisse erzielen oder wenn sich ihre Ziele ändern. Diese dynamische Anpassungsfähigkeit ist ein entscheidender Faktor für den langfristigen Erfolg.

Zusätzlich kann KI auch als **Bildungswerkzeug** dienen, indem sie den Nutzern Informationen und Ressourcen zur Verfügung stellt, die sie benötigen, um informierte Entscheidungen über ihre Gesundheit und Fitness zu treffen. Durch interaktive Chats oder personalisierte Empfehlungen können Nutzer mehr über die Bedeutung von Ernährung und Bewegung lernen und wie sie diese in ihren Alltag integrieren können.

Herausforderungen - ethische Überlegungen
Trotz der vielversprechenden Möglichkeiten, die KI in der personalisierten Fitness- und Ernährungsberatung bietet, gibt es auch Herausforderungen und ethische Überlegungen, die berücksichtigt werden müssen. Eine der größten Herausforderungen ist die Datensicherheit. Da persönliche Gesundheitsdaten

äußerst sensibel sind, müssen strenge Sicherheitsmaßnahmen getroffen werden, um die Privatsphäre der Nutzer zu schützen.

Ein weiteres Anliegen ist die Genauigkeit der von der KI bereitgestellten Informationen. Fehlerhafte Daten oder ungenaue Algorithmen können zu falschen Empfehlungen führen, die die Gesundheit der Nutzer gefährden könnten. Daher ist es wichtig, dass KI-gestützte Systeme regelmäßig überwacht und aktualisiert werden, um ihre Genauigkeit und Relevanz zu gewährleisten.

Zudem besteht die Gefahr, dass Nutzer sich zu sehr auf KI verlassen und ihre eigenen Fähigkeiten zur Selbstbeurteilung und Entscheidungsfindung vernachlässigen. Es ist entscheidend, dass die Technologie als unterstützendes Werkzeug betrachtet wird und nicht als Ersatz für das Fachwissen von Ernährungsberatern oder Fitnesstrainern.

Die Rolle von KI im modernen Journalismus und in den Medien

In den letzten Jahren hat die Künstliche Intelligenz (KI) zunehmend Einzug in verschiedene Bereiche des Lebens gehalten, einschließlich der Medien- und Journalismusbranche. Die Integration von KI-Technologien hat nicht nur die Art und Weise verändert, wie Journalisten arbeiten, sondern auch, wie Nachrichten erstellt, verbreitet und konsumiert werden. Es gilt, die verschiedenen Anwendungen von KI im

Journalismus zu beleuchten, die Vorteile und Herausforderungen zu diskutieren und die Auswirkungen auf die Qualität und Integrität der Berichterstattung zu betrachten.

KI-gestützte Recherche - Berichterstattung

Eine der bemerkenswertesten Anwendungen von KI im Journalismus ist die Unterstützung bei der Recherche. Journalisten stehen oft vor der Herausforderung, große Datenmengen zu durchforsten, um relevante Informationen für ihre Berichterstattung zu finden. KI-Modelle können diese Aufgabe erheblich erleichtern, indem sie Daten analysieren, Muster erkennen und wichtige Informationen extrahieren. Dies ermöglicht es Journalisten, schneller und effizienter zu arbeiten und sich auf die Erstellung von qualitativ hochwertigem Inhalt zu konzentrieren.

Darüber hinaus nutzen einige Journalisten KI-gestützte Tools, um Ideen für Artikel zu generieren. Diese Tools können Trends identifizieren, die in der Öffentlichkeit diskutiert werden, und Vorschläge für Themen machen, die für die Lesenden von Interesse sein könnten. Dies fördert nicht nur die Kreativität, sondern hilft Journalisten auch, relevante und aktuelle Inhalte zu produzieren, die die Leser ansprechen.

Content-Erstellung und Automatisierung

Ein weiterer bedeutender Bereich, in dem KI in den Medien eingesetzt wird, ist die Content-Erstellung. Medienunternehmen verwenden KI-Algorithmen, um

Inhalte schneller zu erstellen, sei es in Form von Nachrichtenartikeln, Zusammenfassungen oder Analysen. Diese Technologie ermöglicht es, Routineaufgaben zu automatisieren, sodass Journalisten mehr Zeit für investigativen Journalismus und tiefere Analysen haben.

Beispielsweise können KI-gestützte Systeme automatisch Sportergebnisse, Finanzberichte oder Wettervorhersagen generieren, indem sie Daten aus verschiedenen Quellen aggregieren. Diese Art der Automatisierung hat das Potenzial, die Effizienz in der Nachrichtenproduktion erheblich zu steigern und die Kosten zu senken. In einem zunehmend wettbewerbsintensiven Medienumfeld können solche Technologien den Unterschied zwischen einem erfolgreichen und einem weniger erfolgreichen Unternehmen ausmachen.

Vorteile der KI im Journalismus

Die Verwendung von KI im Journalismus bringt zahlreiche Vorteile mit sich. *Erstens* ermöglicht sie eine schnellere und effizientere Berichterstattung. Journalisten können relevante Informationen in kürzerer Zeit finden und verarbeiten, was zu einer schnelleren Veröffentlichung von Nachrichten führt.

Zweitens fördert die KI die Kreativität, indem sie Journalisten bei der Ideenfindung unterstützt und ihnen hilft, neue Perspektiven auf bestehende Themen zu entwickeln. Dies kann zu einer abwechslungsreicheren und ansprechenderen Berichterstattung führen.

Drittens kann KI dazu beitragen, die Qualität der Informationen zu verbessern, indem sie Daten analysiert und Fakten überprüft. Dies ist besonders wichtig in einer Zeit, in der Fehlinformationen und Fake News weit verbreitet sind. KI-gestützte Systeme können helfen, die Integrität der Berichterstattung zu wahren, indem sie Journalisten auf potenzielle Ungenauigkeiten hinweisen.

Herausforderungen - ethische Überlegungen

Trotz der vielen Vorteile gibt es auch Herausforderungen und ethische Überlegungen, die mit dem Einsatz von KI im Journalismus verbunden sind. Eine der größten Herausforderungen ist die Gefahr der Automatisierung von Inhalten, die zu einer Abnahme der journalistischen Qualität führen könnte. Wenn KI-Modelle nicht sorgfältig überwacht werden, besteht das Risiko, dass sie ungenaue oder verzerrte Informationen verbreiten.

Darüber hinaus wirft der Einsatz von KI im Journalismus Fragen der Transparenz auf. Leser haben ein Recht zu wissen, wie Informationen erstellt und verarbeitet werden. Wenn KI-Tools in den Berichterstattungsprozess integriert werden, sollte klar kommuniziert werden, inwieweit diese Technologien verwendet werden und welche Auswirkungen sie auf den Inhalt haben. Meist wird das ignoriert, wir müssen uns also daran gewöhnen, hauptsächlich KI-generierte Texte zu lesen.

Ein weiteres ethisches Anliegen ist die potenzielle Verzerrung von KI-Algorithmen. Wenn die Daten, auf denen KI-Modelle trainiert werden, voreingenommen sind, können die erzeugten Inhalte ebenfalls voreingenommen sein. Dies kann negative Auswirkungen auf die Berichterstattung über bestimmte Themen oder Gruppen haben und das Vertrauen der Öffentlichkeit in die Medien untergraben.

KI in Unternehmen

Die Rolle von KI im modernen Kundenservice und Marketing

In der heutigen digitalen Ära spielt Künstliche Intelligenz (KI) eine entscheidende Rolle bei der Transformation von Geschäftsprozessen. Unternehmen integrieren zunehmend KI-Technologien in ihre Kundenservice-Plattformen, Marketingstrategien und Verwaltungsprozesse, um die Effizienz zu steigern, Kosten zu senken und die Kundenzufriedenheit zu verbessern. Es geht um die verschiedenen Anwendungen von KI im Kundenservice, Marketing und in der Verwaltung und die damit verbundenen Vorteile und Herausforderungen.

KI im Kundenservice

Ein Bereich, in dem KI besonders stark an Bedeutung gewonnen hat, ist der Kundenservice. Viele Unternehmen nutzen KI-gestützte Chatbots wie Chat-GPT, um häufige Anfragen zu bearbeiten und den Support zu automatisieren. Diese Systeme können rund um die Uhr verfügbar sein und eine Vielzahl von Anfragen in Echtzeit beantworten, was zu einer erheblichen Entlastung des Kundenserviceteams führt.

Die Integration von KI in den **Kundenservice** ermöglicht es Unternehmen, schneller auf Kundenanfragen zu reagieren und gleichzeitig die Wartezeiten zu minimieren. **Chatbots** können einfache Fragen zu Produkten, Dienstleistungen und die häufigsten Probleme beantworten, während komplexere Anfragen an menschliche Mitarbeiter weitergeleitet werden. Dies führt zu einer besseren Ressourcennutzung und ermöglicht es den Mitarbeitern, sich auf anspruchsvollere Aufgaben zu konzentrieren, die menschliches Einfühlungsvermögen und Fachkenntnis erfordern.

KI im Marketing

Neben dem Kundenservice hat KI auch einen tiefgreifenden Einfluss auf das Marketing. Unternehmen setzen KI ein, um Marketinginhalte zu erstellen und das Kundenfeedback zu analysieren. KI-gestützte Systeme können große Datenmengen verarbeiten, um Trends und Muster im Kundenverhalten zu identifizieren. Diese Erkenntnisse können dann genutzt werden, um gezielte Marketingkampagnen zu entwickeln, die auf die Bedürfnisse und Vorlieben der Kunden abgestimmt sind.

Ein Beispiel für den Einsatz von KI im Marketing ist die Erstellung von **personalisierten Inhalten**. KI kann Daten über das Kaufverhalten und die Vorlieben von Kunden analysieren, um maßgeschneiderte Angebote und Empfehlungen zu generieren. Dies verbessert nicht nur die Kundenerfahrung, sondern erhöht auch die Wahrscheinlichkeit von Verkäufen, da die Kunden relevante Inhalte erhalten, die ihren Interessen entsprechen.

Darüber hinaus wird KI zur Analyse von Kundenfeedback eingesetzt. Unternehmen können Sentiment-Analysen durchführen, um die Stimmung der Kunden in Bezug auf ihre Produkte und Dienstleistungen zu messen. Durch die Identifizierung von positiven und negativen Rückmeldungen können Unternehmen wertvolle Informationen gewinnen, die zur Verbesserung ihrer Angebote und zur Steigerung der Kundenzufriedenheit beitragen.

Kundenzufriedenheitsanalysen

Die Messung der Kundenzufriedenheit ist ein wesentlicher Bestandteil jeder erfolgreichen Geschäftsstrategie. KI-Technologien können Feedback von Kunden in Echtzeit analysieren, um die Zufriedenheit zu bewerten und Verbesserungspotenziale zu identifizieren. Durch die Analyse von Umfragen, Online-Bewertungen und sozialen Medien können Unternehmen wertvolle Einblicke in die Meinungen und Erfahrungen ihrer Kunden gewinnen.

Die Verwendung von KI zur Analyse von Kundenzufriedenheit ermöglicht es Unternehmen, proaktiv auf Probleme zu reagieren und Anpassungen vorzunehmen, bevor sie zu größeren Herausforderungen werden. Dies kann durch gezielte Verbesserungen in Produkten, Dienstleistungen oder Kundeninteraktionen geschehen. Indem Unternehmen die Bedürfnisse ihrer Kunden besser verstehen, können sie die Loyalität und das Vertrauen stärken, was letztendlich zu einer höheren Kundenbindung führt.

KI in der Verwaltung

KI findet auch Anwendung in der Verwaltung und Buchhaltung von Unternehmen. Automatisierte Systeme können Routineaufgaben wie Rechnungsstellung, Buchführung und Datenmanagement übernehmen. Dies reduziert nicht nur den Zeitaufwand für administrative Aufgaben, sondern minimiert auch das Risiko menschlicher Fehler, die in der Finanzberichterstattung auftreten können.

Durch die Automatisierung von Verwaltungsprozessen können Unternehmen ihre Effizienz steigern und Ressourcen freisetzen, die für strategische Initiativen verwendet werden können. Dies ermöglicht es den Mitarbeitern, sich auf wertschöpfende Tätigkeiten zu konzentrieren, anstatt sich mit repetitiven Aufgaben zu beschäftigen.

Herausforderungen - ethische Überlegungen

Trotz der vielen Vorteile, die die Integration von KI in Kundenservice, Marketing und Verwaltung mit sich bringt, gibt es auch Herausforderungen und ethische Überlegungen. Eine der größten Herausforderungen ist die Gewährleistung der Datensicherheit und des Datenschutzes. Unternehmen müssen sicherstellen, dass sie die Daten ihrer Kunden verantwortungsvoll verwalten und die geltenden Vorschriften einhalten.

Ein weiteres Anliegen ist die potenzielle Verzerrung von KI-Algorithmen. Wenn die Daten, auf denen KI-Modelle trainiert werden, voreingenommen sind, können die Ergebnisse ebenfalls verzerrt sein, was zu unfairen oder diskriminierenden Praktiken führen kann. Es ist wichtig, dass Unternehmen transparente und faire KI-Modelle entwickeln, die die Vielfalt ihrer Kunden widerspiegeln.

KI in der Forschung

Akademische und industrielle Forschung

Die Künstliche Intelligenz (KI) hat sich als ein unverzichtbares Werkzeug in der modernen Forschung etabliert. Ihre Fähigkeit, große Datenmengen zu analysieren, Muster zu erkennen und Hypothesen zu generieren, revolutioniert sowohl die akademische als auch die industrielle Forschung. Einige Beispiele aus verschiedenen Forschungsbereichen sollen betrachtet werden, die die Vielfalt und das Potenzial von KI in der wissenschaftlichen Arbeit verdeutlichen.

Medizin und Gesundheitsforschung

In der Medizin hat KI bemerkenswerte Fortschritte gemacht. Forscher nutzen maschinelles Lernen, um aus großen Datenmengen, wie genetischen Informationen und Patientendaten, Erkenntnisse zu gewinnen. Ein herausragendes Beispiel ist die Entwicklung von KI-gestützten Diagnosesystemen, die in der Radiologie eingesetzt werden. Diese Systeme können Röntgenbilder und MRT-Scans analysieren und dabei Anomalien wie Tumoren oder Frakturen identifizieren oder Muster auf Hautflecken erkennen. Eine Studie zeigte, dass KI-Algorithmen in der Lage waren, Brustkrebs mit einer Genauigkeit zu erkennen, die mit der von erfahrenen Radiologen vergleichbar ist.

Darüber hinaus wird KI eingesetzt, um neue Medikamente zu entdecken. Durch die Analyse von chemischen Verbindungen und biologischen Daten können KI-Modelle potenzielle Arzneimittel identifizieren und deren Wirksamkeit vorhersagen. Die Pharmaindustrie nutzt diese Technologien, um den Forschungs- und Entwicklungsprozess zu beschleunigen, was zu schnelleren und kostengünstigeren Therapien führen kann.

Umweltforschung

Ein weiteres spannendes Anwendungsfeld der KI ist die Umweltforschung. Hier wird KI verwendet, um komplexe ökologische Systeme zu modellieren und **Vorhersagen über den Klimawandel** zu treffen. *Machine-Learning-Algorithmen* analysieren historische Klimadaten, um Muster zu erkennen und zukünftige Entwicklungen zu prognostizieren. Ein Beispiel ist die Verwendung von **KI zur Analyse von Satellitendaten**, um die Abholzung von Wäldern zu überwachen und den Zustand von Ökosystemen zu bewerten. Solche Anwendungen ermöglichen es Wissenschaftlern, gezielte Maßnahmen zum Schutz der Umwelt zu entwickeln und deren Auswirkungen zu evaluieren.

Sozialwissenschaften

In den Sozialwissenschaften hat KI das Potenzial, das Verständnis menschlichen Verhaltens zu vertiefen. Forscher nutzen Textanalyse-Tools, um große Mengen an sozialen Medien, Umfragen und anderen Textdaten zu untersuchen. Mit *Natural Language Processing* (NLP) können sie Stimmungen und **Trends in der öffentlichen Meinung** erkennen. Ein Beispiel hierfür ist die *Analyse von Tweets* während politischer Wahlen, um die *Wählerstimmungen und -präferenzen* in Echtzeit zu erfassen. Solche Erkenntnisse sind entscheidend für das Verständnis sozialer Dynamiken und können politische Entscheidungen beeinflussen.

Ingenieurwissenschaften

Im Bereich der Ingenieurwissenschaften wird KI zur Optimierung von Entwurfs- und Produktionsprozessen eingesetzt. Durch den Einsatz von KI-gestützten Simulationen können Ingenieure verschiedene Designs testen und deren Leistung vorhersehen, bevor sie physische Prototypen erstellen. Dies spart Zeit und Ressourcen und ermöglicht eine schnellere Iteration. Ein Beispiel ist die Anwendung von KI in der **Automobilindustrie**, wo Algorithmen zur Optimierung von *Fahrzeugdesigns* und zur *Verbesserung der Sicherheit* eingesetzt werden.

Materialwissenschaften

Die Materialwissenschaften profitieren ebenfalls enorm von KI. Forscher nutzen maschinelles Lernen, um neue Materialien zu entwickeln, die spezifische Eigenschaften aufweisen, wie etwa höhere Festigkeit oder geringeres Gewicht. KI-Algorithmen analysieren bestehende Materialdaten, um Vorhersagen über die Leistung neuer Materialkombinationen zu treffen. Dies beschleunigt den Prozess der Materialforschung erheblich und eröffnet neue Möglichkeiten in der Nanotechnologie und der Elektronik.

Die Beispiele aus verschiedenen Forschungsbereichen verdeutlichen, dass die Künstliche Intelligenz ein mächtiges Werkzeug ist, das die Art und Weise, wie wir forschen, grundlegend verändert. Von der Medizin über die Umweltforschung bis hin zu den Ingenieur- und Sozialwissenschaften – KI ermöglicht es Forschern, schneller und effizienter zu arbeiten. Dennoch müssen wir auch die ethischen Implikationen und Herausforderungen, die mit dem Einsatz von KI verbunden sind, im Auge behalten. Nur durch verantwortungsvolle Anwendungen können wir sicherstellen, dass die Fortschritte in der KI zum Wohl der Gesellschaft genutzt werden. Die Zukunft der Forschung ist ohne Zweifel eng mit der Entwicklung und Integration von KI-Technologien verbunden, und es liegt an uns, diese Chancen weise zu nutzen.

Film, Fernsehen und andere Medien

In der heutigen digitalen Welt hat die **Künstliche Intelligenz (KI)** einen tiefgreifenden Einfluss auf verschiedene Bereiche, insbesondere auf die Medien- und Unterhaltungsindustrie. Von kreativen Schreibtools über automatisierte Inhalte bis hin zu innovativen Produktionsmethoden – KI verändert die Art und Weise, wie Geschichten erzählt, produziert und konsumiert werden. Es ist wichtig, die verschiedenen Facetten, wie KI in Film, Fernsehen und anderen Medien eingesetzt wird und welche Potenziale sowie Herausforderungen damit verbunden sind zu beleuchten.

Kreatives Schreiben und Drehbuchentwicklung
Kreatives Schreiben war traditionell ein rein menschlicher Prozess, der Inspiration, Fantasie und emotionale Intelligenz erforderte. Mit dem Aufkommen KI-gestützter Tools haben Autoren nun die Möglichkeit, Unterstützung bei der Ideenfindung und beim Verfassen von Geschichten zu erhalten. Diese Tools nutzen Algorithmen, um Muster aus bestehenden Texten zu analysieren und Vorschläge für neue Handlungsstränge, Charakterentwicklungen oder Dialoge zu generieren.
Ein Beispiel ist die Verwendung von KI zur Entwicklung von **Drehbüchern**. Drehbuchautoren können KI-Tools einsetzen, um verschiedene Plot-Twists zu erkunden oder komplexe Charaktere zu gestalten. Diese Werkzeuge können nicht nur den kreativen Prozess bereichern, sondern auch dazu

beitragen, die Effizienz zu steigern, indem sie zeitraubende Aufgaben automatisieren. Dennoch bleibt die Frage, inwieweit menschliche Kreativität durch solche Technologien ersetzt oder ergänzt werden kann.

Redaktionelle Inhalte und automatisierte Berichterstattung

KI hat auch die Art und Weise revolutioniert, wie redaktionelle Inhalte erstellt werden. Automatisierte Systeme können Artikel generieren, die auf aktuellen Daten und Trends basieren. Nachrichtenorganisationen nutzen KI, um schnell Berichte zu erstellen, die auf Echtzeitinformationen basieren, wie etwa Sportereignissen oder Finanznachrichten. Diese Technologien ermöglichen es Medienhäusern, ihre Berichterstattung zu skalieren und schneller auf Ereignisse zu reagieren.

Ein Beispiel für den Einsatz von KI in der Nachrichtenproduktion ist die Verwendung von *Natural Language Generation* (NLG), bei der Algorithmen Texte aus strukturierten Daten generieren. Während dies die Effizienz erhöht, wirft es auch Fragen zur Qualität und Objektivität der Inhalte auf. Die Herausforderung besteht darin, sicherzustellen, dass die erzeugten Texte nicht nur informativ, sondern auch ethisch und verantwortungsbewusst sind.

Ein weiteres praktisches Anwendungsfeld von KI ist die Unterstützung beim Schreiben durch **Rechtschreib- und Grammatikprüfungswerkzeuge**.

Diese Tools helfen Autoren, Fehler zu erkennen und Verbesserungsvorschläge zu machen, was die Qualität ihrer Texte erheblich steigern kann. Sie sind nicht nur nützlich für professionelle Autoren, sondern auch für Studierende und Hobbyautoren, die ihre Schreibfähigkeiten verbessern möchten.

Die Integration solcher KI-Tools in den Schreibprozess fördert nicht nur die sprachliche Präzision, sondern ermöglicht es den Nutzern auch, sich mehr auf den kreativen Inhalt zu konzentrieren, ohne sich ständig um technische Details kümmern zu müssen.

Medienproduktion und kreative Gestaltung

Die Medienproduktion hat durch KI eine neue Dimension erreicht. In der Film- und Musikindustrie wird KI eingesetzt, um Inhalte zu bearbeiten, Musik zu komponieren und visuelle Effekte zu erstellen. Algorithmen können beispielsweise zur Analyse von Szenen verwendet werden, um die besten Schnitttechniken vorzuschlagen oder um den Soundtrack an die Emotionen einer Szene anzupassen.

Ein bemerkenswertes Beispiel ist die Verwendung von KI zur Erstellung von Musik, die auf bestimmten Stimmungen oder Genres basiert. Solche Technologien können nicht nur die Produktionszeit verkürzen, sondern auch neue kreative Möglichkeiten eröffnen, die vorher nicht denkbar waren. Dennoch bleibt die Frage, ob KI-generierte Inhalte das gleiche emotionale Gewicht und die Tiefe erreichen können wie von Menschen geschaffene Werke. Künstler nutzen KI und leiden zugleich, wenn Studios dies auch tun.

Virtuelle Realität (VR) / Augmented Reality (AR)

Ein besonders aufregender Bereich ist die Integration von KI in *virtuelle Realität* (VR) und *Augmented Reality* (AR). KI kann immersive Erfahrungen verbessern, indem sie Inhalte dynamisch anpasst und Interaktionen ermöglicht. In VR-Anwendungen können KI-gesteuerte Charaktere realistische Reaktionen auf Nutzerinteraktionen zeigen, was das Eintauchen in die virtuelle Welt verstärkt.

In der AR können KI-Algorithmen dazu beitragen, digitale Inhalte in die reale Welt zu integrieren, indem sie die Umgebung analysieren und relevante Informationen bereitstellen. Diese Technologien eröffnen neue Wege für das Geschichtenerzählen und die Interaktion mit Inhalten, die über das traditionelle Medium hinausgehen.

Die Künstliche Intelligenz hat das Potenzial, die Medien- und Unterhaltungsindustrie grundlegend zu transformieren. Von der Unterstützung kreativer Prozesse über die Automatisierung redaktioneller Inhalte bis hin zur Bereicherung von Medienproduktionen und immersiven Erfahrungen – die Möglichkeiten sind nahezu unbegrenzt. Dennoch müssen die Herausforderungen, die mit dieser Technologie einhergehen, sorgfältig betrachtet werden. **Fragen der Ethik, Kreativität und Qualität** sind entscheidend, um sicherzustellen, dass KI im Dienste der menschlichen Kreativität und des kulturellen Ausdrucks eingesetzt wird. Die Zukunft der Medien wird zweifellos durch die Symbiose von Mensch und Maschine geprägt sein, und es liegt an uns, diese Entwicklung verantwortungsvoll zu gestalten.

KI - Verkehr und Mobilität

Die fortschreitende Urbanisierung und die steigenden Bevölkerungszahlen stellen moderne Gesellschaften vor große Herausforderungen im Bereich Verkehr und Mobilität. **Staus**, **Umweltverschmutzung** und **Sicherheitsprobleme** sind nur einige der Probleme, die es zu bewältigen gilt. In diesem Kontext gewinnt die Künstliche Intelligenz (KI) zunehmend an Bedeutung. Sie hat das Potenzial, den *Verkehr zu optimieren, Unfälle zu vermeiden* und die *Routenplanung* zu verbessern. Die Rolle von KI in der Verkehrsinfrastruktur, im öffentlichen Nahverkehr sowie in der Zukunft der Mobilität wird für fast alle Infrastrukturprobleme Lösungen entwickeln.

Optimierung des Straßenverkehrs

Der Straßenverkehr ist eine der Hauptursachen für Umweltprobleme und ineffiziente Mobilität. Staus sind nicht nur ärgerlich, sondern führen auch zu einem erheblichen Anstieg der CO_2-Emissionen. KI-Technologien können hier Abhilfe schaffen, indem sie Verkehrsflüsse analysieren und optimieren. Intelligente Verkehrssysteme nutzen Algorithmen, um Daten von Sensoren, Kameras und GPS-Geräten zu sammeln und in Echtzeit auszuwerten. Diese Systeme können den Verkehrsfluss steuern, indem sie

Ampelzeiten anpassen, um Staus zu reduzieren und die Reisezeiten zu verkürzen.

Ein Beispiel ist die Implementierung von adaptiven Verkehrsampeln, die sich automatisch an die aktuelle Verkehrssituation anpassen. Solche Systeme können die Wartezeiten an Kreuzungen minimieren und den Verkehrsfluss erheblich verbessern. Darüber hinaus können KI-gestützte Apps den Fahrern alternative Routen vorschlagen, um Staus zu umgehen, was die Effizienz des gesamten Verkehrssystems steigert, aber leider ruhige Wohnlagen zu verkehrsreichen Gegenden macht.

Sicherheit im Straßenverkehr

Ein weiteres wichtiges Anwendungsfeld von KI im Verkehr ist die Verbesserung der Sicherheit. Autonome Fahrzeuge, die mit fortschrittlichen KI-Systemen ausgestattet sind, können potenzielle Gefahren erkennen und darauf reagieren, bevor es zu einem Unfall kommt. Diese Fahrzeuge nutzen eine Vielzahl von Sensoren, darunter Radar, Lidar (Laserentfernungsmessung) und Kameras, um ihre Umgebung in Echtzeit zu analysieren. Sie sind in der Lage, andere Verkehrsteilnehmer zu erkennen, Abstände zu berechnen und gefährliche Situationen vorherzusehen.

Statistiken zeigen, dass menschliches Versagen eine der Hauptursachen für Verkehrsunfälle ist. Durch die Implementierung autonomer Fahrzeuge könnte die Anzahl der Unfälle erheblich sinken. KI kann nicht nur in Fahrzeugen, sondern auch in der Verkehrsüberwachung eingesetzt werden, um gefährliches Fahrverhalten zu erkennen und die Polizei oder andere Behörden zu alarmieren.

Routenplanung und Effizienz

Die Routenplanung ist ein weiterer Bereich, in dem KI eine entscheidende Rolle spielt. Moderne Navigationssysteme nutzen KI, um die schnellsten und effizientesten Routen zu berechnen. Diese Systeme berücksichtigen nicht nur die aktuelle Verkehrslage, sondern auch historische Daten, Wetterbedingungen und andere relevante Faktoren.

Durch die Integration von KI in Routenplanungs-Apps können Nutzer in Echtzeit über Verkehrsbedingungen informiert werden und alternative Routen erhalten. Dies führt nicht nur zu einer Verringerung der Reisezeiten, sondern auch zu einer Reduzierung der Emissionen, da Fahrzeuge weniger Zeit im Stau verbringen und effizienter fahren.

Öffentlicher Nahverkehr

Die Rolle von KI beschränkt sich nicht nur auf private Fahrzeuge; auch im öffentlichen Nahverkehr kann sie einen bedeutenden Beitrag leisten. KI-gestützte Systeme können die Nachfrage nach öffentlichen Verkehrsmitteln in Echtzeit analysieren und entsprechende Anpassungen vornehmen. Dies könnte beispielsweise die Bereitstellung zusätzlicher Busse oder Bahnen zu Stoßzeiten umfassen, um Überfüllungen zu vermeiden und den Komfort der Fahrgäste zu erhöhen.

Darüber hinaus können KI-Algorithmen helfen, die Routen und Fahrpläne zu optimieren, um sicherzustellen, dass die Verkehrsangebote effizient und benutzerfreundlich sind. Die Integration von KI in den öffentlichen Nahverkehr könnte auch die Zugänglichkeit für Menschen mit Behinderungen verbessern, indem individuelle Routen und Transportmöglichkeiten angeboten werden.

Zukunft der Mobilität

Die Zukunft der Mobilität wird stark von der Weiterentwicklung der KI-Technologien geprägt sein. Konzepte wie das *„Mobility as a Service"* (MaaS) kombinieren verschiedene Verkehrsträger und ermöglichen es den Nutzern, nahtlos von einem Verkehrsmittel zum anderen zu wechseln. KI kann dabei helfen, diese Integration zu optimieren, indem sie Daten über die verschiedenen Verkehrsmittel und deren Verfügbarkeit in Echtzeit analysiert.

Ein weiterer vielversprechender Bereich ist die Entwicklung von intelligenten Städten, in denen KI-gestützte Systeme den gesamten Verkehr koordinieren und steuern. Diese Städte könnten eine nachhaltigere und effizientere Mobilität ermöglichen, die den Bedürfnissen der Bürger gerecht wird und gleichzeitig die Umwelt schützt.

Die Künstliche Intelligenz hat das Potenzial, den Verkehr und die Mobilität grundlegend zu transformieren. Von der Optimierung des Straßenverkehrs über die Verbesserung der Sicherheit bis hin zur Effizienzsteigerung im öffentlichen Nahverkehr – die Möglichkeiten sind vielfältig. Dennoch müssen wir auch die Herausforderungen berücksichtigen, die mit der Implementierung dieser Technologien verbunden sind, wie etwa Datenschutz, ethische Fragen und die Notwendigkeit einer entsprechenden Infrastruktur.

Eine nachhaltige Mobilität im 21. Jahrhundert wird nur durch eine verantwortungsvolle Integration von KI in die Verkehrssysteme erreicht werden können. Es liegt an uns, diese Technologien so zu gestalten, dass sie den Bedürfnissen der Gesellschaft dienen und gleichzeitig die Umwelt schützen. Die Zukunft des Verkehrs ist intelligent, vernetzt und nachhaltig – und die Künstliche Intelligenz ist der Schlüssel zu dieser Vision.

Finanzen

Die Auswirkungen der Künstlichen Intelligenz auf die Finanzwelt:

Von der Börse bis zur Mittelstandsfirma

Die Finanzbranche hat sich im Laufe der Jahre stark verändert, und die Einführung von Künstlicher Intelligenz (KI) ist eine der bedeutendsten Entwicklungen in diesem Bereich. KI-Technologien bieten eine Vielzahl von Anwendungen, die sowohl große Finanzinstitute als auch mittelständische Unternehmen revolutionieren können. Von der Börse bis hin zu kleinen und mittleren Unternehmen (KMU) verändert KI die

Art und Weise, wie Finanztransaktionen abgewickelt, Risiken bewertet und Anlagestrategien entwickelt werden.

Betrugserkennung - Sicherheitsmaßnahmen

Eine der wichtigsten Anwendungen von KI in der Finanzbranche ist die Betrugserkennung. Finanzinstitute sind ständig dem Risiko von Betrug und Cyberangriffen ausgesetzt, die erhebliche finanzielle Verluste verursachen können. KI-gestützte Systeme analysieren Transaktionsdaten in Echtzeit und identifizieren verdächtige Muster, die auf betrügerische Aktivitäten hindeuten könnten. Durch maschinelles Lernen können diese Systeme im Laufe der Zeit immer präziser werden, da sie kontinuierlich aus neuen Daten lernen.

Für **mittelständische Unternehmen** ist dies von entscheidender Bedeutung, da sie oft weniger Ressourcen für Sicherheitsmaßnahmen haben als große Banken. KI-gestützte Sicherheitslösungen ermöglichen es diesen Unternehmen, ihre finanziellen Transaktionen zu schützen und potenzielle Risiken frühzeitig zu erkennen, was zu einem höheren Vertrauen in digitale Finanzoperationen führt.

Risikobewertung und Kreditvergabe

KI revolutioniert auch die Risikobewertung und den Kreditvergabeprozess. Traditionell basierten bei Banken die Entscheidungen auf statischen Modellen und historischen Daten, die möglicherweise nicht die gesamte Risikolandschaft erfassten. KI-Algorithmen hingegen können eine Vielzahl von Datenpunkten analysieren, einschließlich unstrukturierter Daten wie Social-Media-Aktivitäten oder Kaufverhalten, um eine umfassendere Risikobewertung vorzunehmen.

Für **mittelständische Unternehmen** bedeutet dies, dass sie leichter Zugang zu Krediten erhalten können, da KI-gestützte Systeme eine genauere Einschätzung ihrer Kreditwürdigkeit ermöglichen. Diese Technologie kann dazu beitragen, die Finanzierungsentscheidungen zu beschleunigen und die Wahrscheinlichkeit zu erhöhen, dass Unternehmen die erforderlichen Mittel erhalten, um zu wachsen und zu expandieren.

Automatisierte Handelsstrategien

An der Börse hat KI die Art und Weise, wie Handelsentscheidungen getroffen werden, grundlegend verändert. Algorithmischer Handel, der auf KI-gestützten Modellen basiert, ermöglicht es Händlern, in Millisekunden auf Marktbewegungen zu reagieren und Handelsstrategien zu automatisieren. Diese Systeme analysieren riesige Datenmengen, um Markttrends und -anomalien zu identifizieren und darauf basierend Handelsentscheidungen zu treffen.

Für institutionelle Anleger und Hedgefonds bedeutet dies eine gesteigerte Effizienz und die Möglichkeit, von kleinsten Preisbewegungen zu profitieren. Gleichzeitig können auch mittelständische Unternehmen, die in den Finanzmärkten aktiv sind, von diesen

Technologien profitieren, indem sie Zugang zu fortschrittlichen Handelsstrategien erhalten, die zuvor nur großen Investoren vorbehalten waren.

Marktanalysen und Trendprognosen

KI-gestützte Analysen ermöglichen eine tiefere Einsicht in Markttrends und -veränderungen. Durch die Verarbeitung und Analyse großer Datenmengen können KI-Systeme zukünftige Marktbewegungen vorhersagen und Unternehmen wertvolle Informationen zur Verfügung stellen, die ihnen helfen, auf Informationen basierte Entscheidungen zu treffen. Diese Analysen können von der Preisentwicklung von Rohstoffen bis hin zu Verbrauchertrends reichen.

Für **mittelständische Unternehmen** ist dies besonders vorteilhaft, da sie häufig in einem dynamischen und wettbewerbsintensiven Umfeld agieren. Durch den Einsatz von KI zur Marktanalyse können sie schneller auf Veränderungen reagieren, ihre Strategien anpassen und so ihre Wettbewerbsfähigkeit steigern.

Finanzplanung und -beratung

Ein weiterer Bereich, in dem KI erheblichen Einfluss hat, ist die Finanzplanung und -beratung. KI-gestützte Finanzberatungsdienste können individuelle Finanzpläne erstellen, die auf den spezifischen Bedürfnissen und Zielen der Kunden basieren. Diese Systeme berücksichtigen verschiedene Faktoren, wie Einkommensverhältnisse, Ausgabeverhalten und

Anlageziele, um maßgeschneiderte Empfehlungen abzugeben.

Für kleine und mittelständische Unternehmen, die möglicherweise nicht über die Ressourcen verfügen, um einen Vollzeit-Finanzberater zu beschäftigen, bieten KI-gestützte Lösungen eine kostengünstige und effektive Möglichkeit, ihre Finanzstrategien zu optimieren. Dies kann dazu beitragen, finanzielle Engpässe zu vermeiden und langfristigen Erfolg zu sichern.

Die Integration von KI in die Finanzwelt hat das Potenzial, erhebliche Veränderungen herbeizuführen, die sowohl große Finanzinstitute als auch mittelständische Unternehmen betreffen. Von der Betrugserkennung über die Risikobewertung bis hin zu automatisierten Handelsstrategien und Marktanalysen – KI bietet vielfältige Möglichkeiten zur Effizienzsteigerung, Kostenreduktion und Risikominderung.

Die Zukunft der Finanzwelt ist zweifellos von KI geprägt, und es liegt an den Unternehmen, diese Technologien verantwortungsvoll zu integrieren, um nachhaltigen Erfolg zu gewährleisten.

Die KI in der modernen Landwirtschaft
Eine Perspektive auf Nachhaltigkeit und Ressourcenschonung

Die Landwirtschaft steht vor einer Vielzahl von Herausforderungen, die durch den Klimawandel, das

Wachstum der Weltbevölkerung und die Notwendigkeit einer nachhaltigen Ressourcennutzung verstärkt werden. In diesem Kontext gewinnt die Künstliche Intelligenz (KI) zunehmend an Bedeutung. Sie bietet innovative Lösungen, um Ernteerträge zu maximieren, den Einsatz von Ressourcen zu optimieren und nachhaltige Anbaumethoden zu fördern. KI schafft eine Präzisionslandwirtschaft, eine ressourcenschonende Landwirtschaft sowie die Förderung von Nachhaltigkeit und Ressourcenschonung.

Ein neuer Ansatz für die Ertragsmaximierung

Die Präzisionslandwirtschaft ist ein Ansatz, der moderne Technologie nutzt, um landwirtschaftliche Praktiken zu optimieren. KI-gestützte Systeme können große Mengen an Daten analysieren, die aus verschiedenen Quellen wie Satellitenbildern, Drohnen und Bodensensoren stammen. Diese Daten ermöglichen es Landwirten, präzise Entscheidungen zu treffen, die auf den spezifischen Bedürfnissen ihrer Felder basieren.

Ein Beispiel für den Einsatz von KI in der Präzisionslandwirtschaft ist die Überwachung von Schädlingen und Krankheiten. Durch den Einsatz von Bildverarbeitung und maschinellem Lernen können Landwirte frühzeitig Anzeichen von *Schädlingsbefall* erkennen und gezielte Maßnahmen ergreifen, bevor sich die Probleme ausbreiten. Dies führt nicht nur zu höheren Ernteerträgen, sondern reduziert auch den Einsatz von Pestiziden, was wiederum positive Auswirkungen auf die Umwelt hat.

Optimierung von Wasser, Dünger und Pestiziden

Die effiziente Nutzung von Ressourcen ist ein zentrales Anliegen der modernen Landwirtschaft. KI kann Landwirten helfen, den Einsatz von Wasser, Düngemitteln und Pestiziden zu optimieren. Durch präzise Wettervorhersagen und Bodenanalysen können Landwirte den Wasserbedarf ihrer Pflanzen besser einschätzen und somit die Bewässerung gezielt steuern.

Darüber hinaus ermöglicht KI die Entwicklung von intelligenten Düngesystemen. Anhand von Daten zu Bodenbeschaffenheit und Pflanzenwachstum können Landwirte den Nährstoffbedarf ihrer Kulturen genau bestimmen und den Einsatz von Düngemitteln entsprechend anpassen. Dies führt nicht nur zu einer Kostenersparnis, sondern minimiert auch die Umweltbelastungen, die mit übermäßigem Düngereinsatz verbunden sind.

Nachhaltigkeit und Ressourcenschonung

Es geht um einen ganzheitlichen Ansatz für die Zukunft. Die Integration von KI in die Landwirtschaft ist ein entscheidender Schritt in Richtung Nachhaltigkeit. Durch den Einsatz von KI-Technologien können Landwirte nicht nur ihre Produktivität steigern, sondern auch Abfälle reduzieren und nachhaltige Praktiken fördern. Beispielsweise können KI-gestützte Systeme dabei helfen, den Einsatz von Ressourcen über den gesamten Produktionszyklus hinweg zu optimieren, was zu einer Verringerung des ökologischen Fußabdrucks führt.

Ein weiterer Aspekt ist die Förderung von Kreislaufwirtschaftsansätzen in der Landwirtschaft. KI kann dabei helfen, Abfallströme zu analysieren und Möglichkeiten zur Wiederverwendung oder Verwertung von Nebenprodukten zu identifizieren. Dies trägt nicht nur zur Ressourcenschonung bei, sondern schafft auch neue Geschäftsmöglichkeiten für Landwirte.

Die Herausforderungen, vor denen die Landwirtschaft heute steht, erfordern innovative Lösungen, die sowohl die Produktivität als auch die Nachhaltigkeit fördern. Künstliche Intelligenz bietet ein enormes Potenzial, um diese Ziele zu erreichen. Durch den Einsatz von KI in der Präzisionslandwirtschaft, der ressourcenschonenden Landwirtschaft und in nachhaltigen Praktiken können Landwirte ihre Erträge maximieren und gleichzeitig die Umwelt schützen. Die Zukunft der Landwirtschaft liegt in der intelligenten Nutzung von Technologien, die es ermöglichen, die Bedürfnisse der wachsenden Bevölkerung zu erfüllen, ohne die natürlichen Ressourcen unseres Planeten zu gefährden.

Der Einsatz von KI im Umweltschutz

Chancen und Herausforderungen

In einer Zeit, in der der Klimawandel und Umweltzerstörung zu den drängendsten globalen Herausforderungen zählen, gewinnt der Einsatz von Künstlicher Intelligenz (KI) im Umweltschutz zunehmend an Bedeutung. KI-Technologien bieten innovative Ansätze zur Überwachung von Umweltbedingungen, zur Vorhersage von Naturkatastrophen und zur Analyse von Klimadaten.

Präzise Daten für fundierte Entscheidungen

Die Überwachung von Umweltbedingungen (Umweltmonitoring) ist entscheidend, um Veränderungen in der Natur frühzeitig zu erkennen und gezielte Maßnahmen zu ergreifen. KI kann große Mengen an Umweltdaten analysieren und Muster identifizieren, die für den Menschen oft schwer zu erkennen sind. Beispielsweise können KI-gestützte Systeme Satellitenbilder und Sensoren nutzen, um die Luft- und Wasserqualität in Echtzeit zu überwachen.

Durch die Analyse dieser Daten können Behörden und Umweltschutzorganisationen schnell auf Umweltveränderungen reagieren. Bei der Überwachung von Luftverschmutzung kann KI helfen, die Hauptquellen von Emissionen zu identifizieren und gezielte Maßnahmen zur Verbesserung der Luftqualität zu ergreifen. In der Wasserwirtschaft kann KI dabei unterstützen, Verunreinigungen in Flüssen und Seen frühzeitig zu erkennen und die Qualität des Trinkwassers zu gewährleisten.

Proaktive Maßnahmen zur Risikominderung

Naturkatastrophen wie Überschwemmungen, Erdbeben und Waldbrände stellen erhebliche Risiken für Mensch und Natur dar. KI kann durch die Analyse historischer Daten und aktueller Umweltdaten zur **Vorhersage** solcher Ereignisse beitragen. Algorithmen des maschinellen Lernens können Muster in Wetterdaten erkennen, die auf bevorstehende Naturkatastrophen hinweisen, und so frühzeitige **Warnungen** ermöglichen.

Ein Beispiel hierfür ist der Einsatz von KI zur Vorhersage von *Waldbränden*. Durch die Analyse von Wetterbedingungen, Vegetation und Bodenfeuchtigkeit können KI-Systeme das Risiko von Bränden bewerten und Warnungen an die zuständigen Behörden senden. Solche proaktiven Maßnahmen sind entscheidend, um die Auswirkungen von Naturkatastrophen zu minimieren und Leben zu retten.

Ein besseres Verständnis für politische Entscheidungen

Die **Analyse von Klimadaten** ist ein weiterer Bereich, in dem KI eine wichtige Rolle spielen kann. Durch die Verarbeitung großer Datenmengen aus verschiedenen Quellen, wie Satelliten, Klimamodellen und historischen Wetterdaten, kann KI dazu beitragen, präzisere Klimamodelle zu erstellen. Diese Modelle sind entscheidend, um die Auswirkungen des Klimawandels besser zu verstehen und fundierte politische Entscheidungen zu treffen.

Darüber hinaus können KI-gestützte Systeme dazu verwendet werden, die Wirksamkeit von Klimaschutzmaßnahmen zu bewerten. Durch die Analyse von Daten über Emissionen, Energieverbrauch und ökologische Auswirkungen können Entscheidungsträger gezielte Maßnahmen entwickeln und anpassen, um die globalen Klimaziele zu erreichen.

Herausforderungen und ethische Überlegungen

Trotz der vielversprechenden Möglichkeiten, die KI im Umweltschutz bietet, gibt es auch Herausforderungen und **ethische Überlegungen**. Eine der größten Herausforderungen ist die *Datenverfügbarkeit* und *-qualität*. Um präzise Vorhersagen und Analysen zu ermöglichen, sind hochwertige, umfassende und aktuelle Daten erforderlich. In vielen Regionen der Welt fehlen jedoch die nötigen Infrastrukturen, um solche Daten zu erfassen und zu verarbeiten.

Ein weiteres wichtiges Thema ist die ethische Nutzung von KI. Die Entscheidungen, die auf Basis von KI-Analysen getroffen werden, können weitreichende Auswirkungen auf Mensch und Natur haben. Daher ist es entscheidend, dass die Entwicklung und Implementierung von KI-Systemen transparent und unter Berücksichtigung ethischer Standards erfolgt.

Der Einsatz von Künstlicher Intelligenz im Umweltschutz bietet zahlreiche Chancen, um Umweltbedingungen zu überwachen, Naturkatastrophen vorherzusagen und Klimadaten zu analysieren. Durch den Einsatz von KI können proaktive Maßnahmen ergriffen werden, um die Umwelt zu schützen und den Herausforderungen des Klimawandels zu begegnen. Dennoch müssen wir uns auch den Herausforderungen und ethischen Überlegungen stellen, die mit der Nutzung dieser Technologien verbunden sind. Nur durch eine verantwortungsvolle und nachhaltige Implementierung von KI können wir die positiven Auswirkungen auf den Umweltschutz maximieren und gleichzeitig die Risiken minimieren. In einer Welt, die sich zunehmend mit ökologischen Krisen auseinandersetzt, könnte KI der Schlüssel zu einer nachhaltigeren Zukunft sein.

Künstliche Intelligenz und Klima

Innovative Ansätze zur Bewältigung der Herausforderungen des Klimawandels

Der **Klimawandel** gehört zu den größten Herausforderungen des 21. Jahrhunderts und erfordert dringende Maßnahmen zur Minderung seiner Auswirkungen. Die KI bietet vielversprechende Lösungen, um die *Klimaforschung* voranzutreiben, den *Energieverbrauch* zu optimieren und die Integration *erneuerbarer Energiequellen* zu verbessern. KI in der Klimaforschung, im Energiesektor und bei der Steigerung der Energieeffizienz, kann eine nachhaltigere Zukunft fördern.

Datenanalyse für ein besseres Verständnis des Klimawandels

Die Klimaforschung ist entscheidend, um die Ursachen, Auswirkungen und zukünftigen Entwicklungen des Klimawandels zu verstehen. KI kann hier eine zentrale Rolle spielen, indem sie große Mengen an Klimadaten analysiert und wie gesagt Muster erkennt, die für den Menschen oft unsichtbar bleiben. Durch den Einsatz von maschinellem Lernen können Forscher komplexe Klimamodelle entwickeln, die eine genauere Vorhersage von klimatischen Veränderungen ermöglichen. KI-Algorithmen können historische Wetterdaten, Satellitenbilder und aktuelle Umweltdaten kombinieren, um das Verständnis von Klimaereignissen zu verbessern und deren Auswirkungen auf Ökosysteme und menschliche Gesellschaften zu bewerten. Diese Erkenntnisse sind entscheidend, um effektive Strategien zur Minderung der Auswirkungen des Klimawandels zu entwickeln.

Ein Beispiel für den Einsatz von KI in der Klimaforschung ist die Analyse von Extremwetterereignissen. KI kann helfen, die Häufigkeit und Intensität solcher Ereignisse vorherzusagen, was es Regierungen und Organisationen ermöglicht, proaktive Maßnahmen zu ergreifen, um die Verwundbarkeit von Gemeinschaften zu verringern.

Energie: Optimierung des Verbrauchs und Integration erneuerbarer Quellen

Die Energieerzeugung und -nutzung trägt erheblich zu den **Treibhausgasemissionen** bei. KI kann dazu beitragen, den *Energieverbrauch zu optimieren* und die Integration erneuerbarer Energiequellen in die bestehenden Energiesysteme zu verbessern.

Durch den Einsatz von KI-gestützten Analysesystemen können Energieversorger den Energiebedarf in Echtzeit vorhersagen und entsprechend reagieren. Dies ermöglicht eine effizientere Nutzung von Strom und eine bessere Planung der Energieerzeugung, insbesondere wenn es um variable erneuerbare Energiequellen wie Wind- und Solarenergie geht. KI kann helfen, die Energieproduktion aus diesen Quellen vorherzusagen, basierend auf Wetterdaten und historischen Erzeugungsmustern, und so die Stabilität der Stromnetze zu gewährleisten.

Ein weiteres Beispiel ist die Verwendung von KI zur **Optimierung von Energiespeichersystemen**.
Durch die Analyse von Verbrauchsmustern und Erzeugungsdaten können KI-Algorithmen den optimalen Zeitpunkt für das Laden und Entladen von Batteriespeichern bestimmen, um die Nutzung erneuerbarer Energien zu maximieren und die Abhängigkeit von fossilen Brennstoffen zu reduzieren.

Intelligente Steuerung von Gebäuden

Die Verbesserung der **Energieeffizienz** in Gebäuden ist ein weiterer wichtiger Aspekt der Bekämpfung des Klimawandels. KI kann den Energieverbrauch in Gebäuden überwachen und steuern, um den Energieverbrauch zu optimieren und Kosten zu senken.

Intelligente Gebäudeverwaltungssysteme nutzen KI, um den Energieverbrauch in Echtzeit zu analysieren und Anpassungen vorzunehmen. Beispielsweise können diese Systeme Heizung, Kühlung und Beleuchtung automatisch steuern, um den Energieverbrauch zu minimieren, während gleichzeitig der Komfort der Nutzer gewährleistet bleibt. Durch die Analyse von Nutzungsverhalten und Wettervorhersagen können KI-gesteuerte Systeme vorausschauend arbeiten und so den Energieverbrauch signifikant reduzieren.

Zusätzlich können KI-gestützte Systeme auch dazu verwendet werden, die Energieeffizienz von Industrieanlagen zu verbessern. Durch die Analyse von Betriebsdaten können Unternehmen ineffiziente Prozesse identifizieren und optimieren, was zu einer Reduzierung des Energieverbrauchs und der Betriebskosten führt.

Künstliche Intelligenz hat das Potenzial, eine transformative Rolle im Kampf gegen den Klimawandel zu spielen. Durch die Unterstützung der Klimaforschung, die Optimierung des Energieverbrauchs und die Verbesserung der Energieeffizienz können KI-Technologien dazu beitragen, die Herausforderungen des Klimawandels zu bewältigen und eine nachhaltigere Zukunft zu gestalten.

Um das volle Potenzial von KI im Bereich Klima und Energie auszuschöpfen, ist es zudem wichtig, ethische und gesellschaftliche Überlegungen in den Entwicklungsprozess einzubeziehen. Transparente Datenpraktiken, der Zugang zu Technologie für alle und die Berücksichtigung der Auswirkungen von KI auf verschiedene Gemeinschaften sind entscheidend, um sicherzustellen, dass die Lösungen gerecht und nachhaltig sind. Nur durch eine integrative und verantwortungsvolle Nutzung von KI können wir die drängenden Klimaherausforderungen meistern und eine lebenswerte Zukunft für kommende Generationen sichern.

KI im Rechtswesen

Revolutionierung der Rechtsberatung und des Vertragsmanagements

Die Digitalisierung hat in den letzten Jahren zahlreiche Branchen transformiert, und das Rechtswesen bildet da keine Ausnahme. KI hat das Potenzial, die Art und Weise, wie juristische Dienstleistungen erbracht werden, grundlegend zu verändern. Durch die Analyse juristischer Dokumente, das Finden relevanter Gesetze und Präzedenzfälle sowie die Unterstützung bei der Erstellung von Verträgen und dem Management von Vertragsbedingungen revolutioniert KI die Rechtsberatung und das Vertragsmanagement.

Effizienz und Präzision

Die Rechtsberatung ist ein komplexer Prozess, welcher umfangreiche Recherchen und eine tiefgehende Analyse von Gesetzen und Präzedenzfällen erfordert. Traditionell erfordert dieser Prozess viel Zeit und manuelle Arbeit, was zu hohen Kosten für Mandanten und Anwaltskanzleien führt. Manche Rechtsanwälte haben sich leider die Mühe nicht gemacht, was auf Kosten der Mandanten geschah. KI-Technologien können diesen Prozess erheblich optimieren.

Durch den Einsatz von KI-gestützten Analysewerkzeugen können Juristen schnell relevante Informationen aus einer Vielzahl von Quellen extrahieren. KI kann juristische Dokumente analysieren, um relevante Gesetze und Präzedenzfälle zu finden, die für den jeweiligen Fall von Bedeutung sind. Diese Effizienzsteigerung ermöglicht es Anwälten, sich auf strategische Überlegungen und die persönliche Beratung ihrer Mandanten zu konzentrieren, anstatt Zeit mit monotonen Recherchen zu verbringen.

Ein Beispiel für den Einsatz von KI in der Rechtsberatung ist die Verwendung von *Natural Language Processing* (NLP), einer Technologie, die es Computern ermöglicht, menschliche Sprache zu verstehen und zu verarbeiten. Durch NLP können KI-Systeme juristische Texte analysieren, um Schlüsselbegriffe und -konzepte zu identifizieren, die für die Lösung eines Falls wichtig sind. Diese Technologie verbessert nicht nur die Effizienz, sondern erhöht auch die Genauigkeit der Recherchen. Das bedeutet aber auch, dass sich viele lieber auf KI verlassen. Was man an Juristen aber sicherlich weiterhin brauchen wird, sind Notare, Richter und Staatsanwälte. Freiberufliche Rechtsanwälte werden es schwerer haben – weniger Rechtsanwälte hieße aber auch: weniger Juristen in der Politik. Das wäre sicher eine große Entlastung.

Risikoüberwachung und Effizienzsteigerung

Das **Vertragsmanagement** ist ein weiterer Bereich, in dem KI erhebliche Vorteile bietet. Verträge sind zentrale Elemente in geschäftlichen Beziehungen, und ihre ordnungsgemäße Verwaltung ist entscheidend, um rechtliche Risiken zu minimieren. KI-Systeme können Vertragsbedingungen analysieren, Fristen überwachen und potenzielle rechtliche Risiken identifizieren.

Durch den Einsatz von KI-Tools können Unternehmen sicherstellen, dass sie alle vertraglichen Verpflichtungen einhalten und Fristen nicht versäumen. KI kann Warnungen generieren, wenn Fristen bevorstehen oder wenn bestimmte Bedingungen nicht erfüllt werden. Dies reduziert das Risiko von Vertragsverletzungen und den damit verbundenen rechtlichen Konsequenzen. Auch die Industrie wird deutlich weniger Anwälte beschäftigen.

Ein weiterer Vorteil von KI im Vertragsmanagement ist die Möglichkeit, **Verträge automatisiert** zu **erstellen** und zu **überarbeiten**. KI-gestützte Systeme können Standardvertragsvorlagen anpassen, indem sie spezifische Informationen aus den jeweiligen Geschäftstransaktionen einfügen. Dies spart

Zeit und reduziert menschliche Fehler, die bei der manuellen Erstellung von Verträgen auftreten können.

Herausforderungen und ethische Überlegungen

Trotz der vielen Vorteile, die KI im Rechtswesen bietet, gibt es auch Herausforderungen und ethische Überlegungen, die berücksichtigt werden müssen. Eine der größten Herausforderungen ist die **Datensicherheit**. Der Umgang mit sensiblen juristischen Informationen erfordert höchste Sicherheitsstandards, um die Vertraulichkeit der Mandanten zu gewährleisten. Dies wiederum ist eine deutliche Chance für seriöse Anwälte, wie auch:

Die Abhängigkeit von KI-Systemen kann die menschliche Urteilskraft und Expertise untergraben. Anwälte müssen sicherstellen, dass sie die von KI gelieferten Informationen kritisch hinterfragen und nicht blind darauf vertrauen. Es ist auch wichtig, dass KI-Systeme transparent sind und die Entscheidungsprozesse nachvollziehbar bleiben.

Ein weiteres ethisches Thema ist die mögliche **Verzerrung von Daten**. Wenn KI-Systeme auf voreingenommenen oder unvollständigen Daten trainiert werden, können sie fehlerhafte oder diskriminierende Ergebnisse liefern. Daher ist es entscheidend, dass die Entwicklung und Implementierung von KI im Rechtswesen unter Berücksichtigung ethischer Standards erfolgt. Auch hier braucht es Anwälte, die dies kontrollieren.

Zukunftsperspektiven

Die Zukunft der KI im Rechtswesen ist vielversprechend. Mit weiteren Fortschritten in der Technologie werden KI-Systeme wahrscheinlich noch leistungsfähiger und präziser werden. Wir können erwarten, dass KI eine zunehmend zentrale Rolle in der **Rechtsberatung** und im **Vertragsmanagement** spielt, indem sie nicht nur die Effizienz steigert, sondern auch neue Möglichkeiten für juristische Dienstleistungen eröffnet.

Die Integration von KI in das Rechtswesen könnte auch zu einer **Demokratisierung** des Zugangs zu rechtlichen Dienstleistungen führen. Durch die Automatisierung von Routineaufgaben könnten Rechtsdienstleistungen kostengünstiger und für eine breitere Bevölkerung zugänglich werden. Dies könnte insbesondere für Menschen von Vorteil sein, die sich keine traditionelle Rechtsberatung leisten können.

Künstliche Intelligenz hat tatsächlich das Potenzial, die Rechtsberatung und das Vertragsmanagement grundlegend zu revolutionieren. Durch die Analyse juristischer Dokumente, die Überwachung von Vertragsbedingungen und die Identifizierung rechtlicher Risiken kann KI die Effizienz steigern und die Qualität der juristischen Dienstleistungen verbessern. Trotz der Herausforderungen und ethischen Überlegungen, die mit dem Einsatz von KI verbunden sind, bietet die Technologie zahlreiche Möglichkeiten, um das Rechtswesen zukunftsfähig zu gestalten. Die

Integration von KI in die juristische Praxis könnte einen bedeutenden Schritt in Richtung einer effizienteren, präziseren und zugänglicheren Rechtsberatung darstellen.

Künstliche Intelligenz im Tourismus:

Revolutionierung der Reiseplanung und -erfahrung

Die Tourismusbranche hat sich in den letzten Jahren erheblich verändert, insbesondere durch die fortschreitende Digitalisierung und die Einführung neuer Technologien. Künstliche Intelligenz (KI) hat sich als ein zentraler Faktor erwiesen, der die Art und Weise, wie Menschen reisen und ihre Reisen planen, grundlegend beeinflusst. Von personalisierten Reiseempfehlungen über die Optimierung von Flügen und Unterkünften bis hin zur Automatisierung von Reiseplänen – KI bietet eine Vielzahl von Möglichkeiten, um die Reiseerfahrung zu verbessern.

Maßgeschneiderte Erlebnisse

Eine der bemerkenswertesten Anwendungen von KI im Tourismus ist die Fähigkeit, **personalisierte Reiseempfehlungen** zu geben. Durch die Analyse von Nutzerdaten, Vorlieben und vergangenen Reiseverhalten können KI-Systeme maßgeschneiderte Vorschläge erstellen, die auf die individuellen Bedürfnisse der Reisenden abgestimmt sind.

Plattformen wie **Reise-Apps** und **Buchungswebsites** nutzen Algorithmen des maschinellen Lernens, um Muster im Nutzerverhalten zu erkennen. Basierend auf den gesammelten Daten können sie Empfehlungen für Reiseziele, Aktivitäten und Unterkünfte aussprechen, die den Interessen des Nutzers entsprechen. Dies verbessert nicht nur die Benutzererfahrung, sondern erhöht auch die Wahrscheinlichkeit, dass Reisende Angebote annehmen, die für sie von Interesse sind.

Beispielsweise könnte eine Familie, die in der Vergangenheit familienfreundliche Urlaubsziele bevorzugt hat, von einer KI-App Vorschläge für **kinderfreundliche Hotels und Aktivitäten** erhalten. Solche personalisierten Empfehlungen steigern die Zufriedenheit der Reisenden und erleichtern die Planung erheblich.

Effizienzsteigerung durch KI

Ein weiteres wichtiges Einsatzgebiet von KI im Tourismus ist der **Vergleich von Flügen und Unterkünften**. Reisende stehen oft vor der Herausforderung, die besten Angebote zu finden, die ihren Bedürfnissen und ihrem Budget entsprechen. KI-gestützte Vergleichsplattformen können diesen Prozess erheblich vereinfachen.

Durch die Analyse von Preisen, Verfügbarkeiten und Nutzerbewertungen in Echtzeit können KI-Systeme die besten Optionen für Flüge und Unterkünfte ermitteln. Diese Technologien berücksichtigen auch Fak-

toren wie Reisezeiten, Zwischenstopps und Kunden-
bewertungen, um den Nutzern eine fundierte Entscheidung zu ermöglichen.

Darüber hinaus können KI-Algorithmen Preisprogno-
sen erstellen, die Reisenden helfen, den besten Zeitpunkt für die Buchung zu bestimmen. Dies erhöht die
Chance, von niedrigeren Preisen zu profitieren und
die Reisekosten zu optimieren.

Optimierung von Reiseplänen

Die Planung einer Reise kann zeitaufwändig und
komplex sein, insbesondere wenn es darum geht,
verschiedene Komponenten wie Flüge, Unterkünfte,
Transport und Aktivitäten zu koordinieren. KI kann
diesen Prozess durch intelligente Planung und Automatisierung erheblich optimieren.

Reise-Apps, die KI nutzen, können Nutzern helfen,
ihre **Reiserouten automatisch zu erstellen** und anzupassen. Diese Systeme berücksichtigen die Vorlieben der Reisenden, die Dauer des Aufenthalts und
die Verfügbarkeit von Aktivitäten, um einen optimalen Reiseplan zu erstellen.

Zusätzlich können KI-gestützte Systeme Echtzeitinformationen über Verkehrsbedingungen, Wetter
und andere relevante Faktoren bereitstellen. So können Reisende ihre Pläne schnell anpassen, um Verzögerungen zu vermeiden oder neue Möglichkeiten
zu nutzen. Diese Flexibilität verbessert nicht nur die
Reiseerfahrung, sondern reduziert auch Stress und
Unsicherheiten.

Herausforderungen und ethische Überlegungen

Trotz der vielen Vorteile, die KI im Tourismus bietet, gibt es auch Herausforderungen und ethische Überlegungen, die berücksichtigt werden müssen. Eine der größten Herausforderungen ist der Datenschutz. Die Erfassung und Analyse von Nutzerdaten erfordert hohe Sicherheitsstandards, um die Privatsphäre der Reisenden zu schützen.

Darüber hinaus besteht die Gefahr, dass die Abhängigkeit von KI-Systemen zu einer Homogenisierung der Reiseerlebnisse führen kann. Wenn alle Reisenden ähnliche Empfehlungen erhalten, könnte dies die Vielfalt der Reiseerlebnisse beeinträchtigen. Es ist wichtig, dass KI-gestützte Systeme so gestaltet sind, dass sie auch unerwartete und einzigartige Reiseoptionen fördern.

Ein weiteres ethisches Thema ist die potenzielle Verzerrung von Algorithmen. Wenn die Daten, auf denen KI-Systeme trainiert werden, voreingenommen sind, können die Empfehlungen und Entscheidungen, die sie treffen, ebenfalls voreingenommen sein. Daher ist es entscheidend, dass die Entwicklung von KI im Tourismus unter Berücksichtigung von Diversität und Inklusion erfolgt.

Künstliche Intelligenz hat das Potenzial, die Tourismusbranche grundlegend zu verändern, indem sie die Reiseplanung und -erfahrung optimiert. Durch personalisierte Empfehlungen, effiziente Vergleiche von Flügen und Unterkünften sowie intelligente Planung können Reisende ihre Reisen einfacher und stressfreier gestalten.

Dennoch müssen die Herausforderungen im Bereich Datenschutz, ethische Überlegungen und die Vielfalt der Reiseerlebnisse berücksichtigt werden, um sicherzustellen, dass KI im Tourismus verantwortungsvoll eingesetzt wird. Mit der richtigen Herangehensweise kann KI dazu beitragen, den Tourismus zugänglicher, individueller und bereichernder zu gestalten – sowohl für Reisende als auch für Anbieter. In einer zunehmend digitalisierten Welt könnte KI der Schlüssel zu einer neuen Ära des Reisens sein, die es den Menschen ermöglicht, die Welt auf ihre eigene, einzigartige Weise zu entdecken.

KI-gestützte Übersetzungsdienste und Sprachassistenten

Überwindung von Sprachbarrieren

In einer zunehmend globalisierten Welt, in der Menschen aus verschiedenen Kulturen und mit unterschiedlichen Sprachhintergründen immer häufiger miteinander interagieren, wird die Bedeutung einer effektiven Kommunikation immer deutlicher. Sprachbarrieren können nicht nur Missverständnisse hervorrufen, sondern auch den Austausch von Ideen, Wissen und Erfahrungen behindern. Hier kommen KI-gestützte Übersetzungsdienste und Sprachassistenten ins Spiel, die das Potenzial haben, diese

Barrieren zu überwinden und die interkulturelle Kommunikation zu fördern.

Die Entwicklung von Künstlicher Intelligenz (KI) hat in den letzten Jahren enorme Fortschritte gemacht, insbesondere im Bereich der natürlichen Sprachverarbeitung. Übersetzungsdienste wie *Google Translate, DeepL* und andere nutzen komplexe Algorithmen, um Texte in Echtzeit zu übersetzen. Diese Technologien basieren auf maschinellem Lernen, das es ihnen ermöglicht, aus einer Vielzahl von Sprachdaten zu lernen und ihre Übersetzungen kontinuierlich zu verbessern. Die Benutzerfreundlichkeit dieser Dienste hat dazu beigetragen, dass sie in verschiedenen Lebensbereichen weit verbreitet sind, sei es im Tourismus, in der Geschäftswelt oder im persönlichen Austausch.

Ein entscheidender Vorteil von KI-gestützten Übersetzungsdiensten ist ihre Fähigkeit, Sprachbarrieren in Echtzeit zu überwinden. Menschen können sich direkt miteinander unterhalten, ohne die Notwendigkeit, eine gemeinsame Sprache zu sprechen. Dies ist besonders wertvoll in Situationen, in denen schnelle Entscheidungen getroffen werden müssen, wie beispielsweise in medizinischen Notfällen oder bei geschäftlichen Verhandlungen. Die Möglichkeit, Informationen sofort zu übersetzen, fördert nicht nur das Verständnis, sondern auch das Vertrauen zwischen den Gesprächspartnern.

Darüber hinaus bieten Sprachassistenten wie *Siri*, *Alexa* und *Google Assistant* eine weitere Dimension der Kommunikation. Diese intelligenten Systeme können nicht nur Sprachbefehle in verschiedenen Sprachen verstehen, sondern auch in der Lage sein, Informationen bereitzustellen und Fragen zu beantworten. Die Integration von Übersetzungsfunktionen in Sprachassistenten ermöglicht es den Nutzern, in ihrer bevorzugten Sprache zu kommunizieren und gleichzeitig mit anderen Sprachen zu interagieren. Dies kann insbesondere für Menschen nützlich sein, die in mehrsprachigen Umgebungen leben oder arbeiten.

Trotz der vielen Vorteile, die KI-gestützte Übersetzungsdienste und Sprachassistenten bieten, gibt es auch *Herausforderungen* und *Grenzen*. Maschinenübersetzungen sind oft nicht perfekt und können kulturelle Nuancen oder idiomatische Ausdrücke nicht immer angemessen erfassen. Dies kann zu Missverständnissen führen, die in sensiblen Kontexten problematisch sein können. Zudem besteht die Gefahr, dass Menschen sich zu sehr auf diese Technologien verlassen und ihre eigenen Sprachkenntnisse vernachlässigen. Die Förderung des Sprachenlernens bleibt daher eine wichtige Ergänzung zu den technologischen Lösungen.

Ein weiterer Aspekt, der berücksichtigt werden muss, ist der Datenschutz. Bei der Nutzung von KI-gestützten Übersetzungsdiensten werden oft persönliche Daten verarbeitet, was Fragen zur Sicherheit und

Vertraulichkeit aufwirft. Es ist entscheidend, dass Nutzer über die Verwendung ihrer Daten informiert sind und dass entsprechende Schutzmaßnahmen getroffen werden.

Kunst und Kreativität

Die Symbiose von Kunst und KI

Die Kunst hat seit jeher als Spiegel der menschlichen Erfahrung gedient, Ausdruck von Emotionen, Gedanken und gesellschaftlichen Strömungen. Mit dem Aufkommen der Künstlichen Intelligenz (KI) stehen wir nun vor einer **neuen Ära**, in der Technologie nicht nur als Werkzeug, sondern als kreativer Partner in der Kunstproduktion, Musikkomposition und im Design fungiert. Diese Entwicklung eröffnet nicht nur neue Horizonte für Künstler, sondern wirft auch grundlegende Fragen zur Natur der Kreativität und der Rolle des Menschen im kreativen Prozess auf.

KI in der Kunstproduktion

Die Verwendung von KI in der Kunstproduktion hat in den letzten Jahren an Bedeutung gewonnen. Programme wie **DALL-E**, **Midjourney** und **Artbreeder** nutzen maschinelles Lernen, um Bilder zu generieren, die oft verblüffend und innovativ sind. Künstler können durch einfache Texteingaben eine Vielzahl von visuellen Stilen und Konzepten erkunden. Diese Technologie ermöglicht es, Ideen zu visualisieren, die möglicherweise in der menschlichen Vorstellungskraft nicht vollständig ausgeformt sind. So können Künstler experimentieren, Inspiration schöpfen und ihre kreativen Grenzen erweitern.

Ein bemerkenswertes Beispiel ist die Verwendung von KI zur Erstellung von Gemälden. Der Algorithmus kann aus Millionen von existierenden Kunstwerken lernen und auf dieser Grundlage neue Bilder generieren, die von klassischen Stilen inspiriert sind oder gänzlich neue Ästhetiken schaffen. Diese KI-generierten Werke haben bereits in Galerien und Museen Einzug gehalten und stellen die Frage: Wer ist der wahre Künstler – der Mensch, der die KI programmiert hat, oder die KI selbst, die das Werk geschaffen hat?

Es gibt mehrere **Online-Zeichenprogramme**, die Künstliche Intelligenz (KI) nutzen, um Benutzern beim Erstellen von Kunstwerken zu helfen. Hier sind einige der bemerkenswertesten:

DALL-E 2: Entwickelt von OpenAI, DALL-E 2 kann Bilder aus Textbeschreibungen generieren. Benutzer können kreative und oft komplexe Szenen einfach durch die Eingabe von Textbeschreibungen erstellen.

DeepArt verwendet KI, um Fotos in Kunstwerke im Stil berühmter Maler zu transformieren. Benutzer laden ein Bild hoch und wählen einen Kunststil aus, den sie anwenden möchten.

Artbreeder ermöglicht es Benutzern, Bilder zu kombinieren und zu verändern, um neue Kunstwerke zu erstellen. Die KI hilft dabei, verschiedene Merkmale zu mischen und neue Variationen zu generieren.

Runway ML bietet eine Plattform für kreative Projekte, die KI-Tools für Grafikdesign, Video und Bildbearbeitung kombiniert. Es enthält verschiedene Modelle, die Künstler einsetzen können, um ihre Arbeiten zu verbessern.

PaintsChainer ist ein KI-gestütztes Tool, das Skizzen automatisch koloriert. Benutzer können eine einfache Zeichnung hochladen und die KI übernimmt die Kolorierung in verschiedenen Stilen.

NightCafe Studio: NightCafe ist ein Online-Tool zur Kunstgenerierung, das verschiedene KI-Algorithmen nutzt, darunter *Style Transfer* und *Text-zu-Bild-Generatoren*. Benutzer können Kunstwerke basierend auf Textbeschreibungen erstellen oder bestehende Bilder anpassen.

Deep Dream Generator: Dieses Tool nutzt die Deep-Dream-Technologie von Google, um Bilder in surrealistische Kunstwerke zu verwandeln. Benutzer können eigene Bilder hochladen und die KI anwenden, um interessante Effekte zu erzielen.

StarryAI ist eine Plattform, die es Benutzern ermöglicht, Kunstwerke aus Textbeschreibungen zu generieren. Die KI erstellt Bilder basierend auf den eingegebenen Anweisungen und bietet verschiedene Stile zur Auswahl.

Fotor bietet eine KI-gestützte Kunstgenerator-Funktion, die es Benutzern ermöglicht, ihre Fotos in Kunstwerke umzuwandeln. Es bietet auch verschiedene Bearbeitungswerkzeuge und Vorlagen.

Diese Programme sind oft benutzerfreundlich und bieten eine Vielzahl von Funktionen, die es Künstlern und Kreativen ermöglichen, ihre Ideen auf neue und innovative Weise zu verwirklichen. Fast monatlich kommen aber neue Programme auf den Markt.

KI in der Musikkomposition

Ähnlich wie in der bildenden Kunst hat KI auch das Feld der Musikkomposition revolutioniert. Algorithmen wie OpenAI's MuseNet oder Google's Magenta sind in der Lage, Musikstücke in verschiedenen Stilen zu komponieren. Diese Programme analysieren bestehende Musik und lernen, wie Melodien, Harmonien und Rhythmen zusammenwirken. Komponisten können diese Technologien nutzen, um Inspiration zu finden, neue musikalische Ideen zu entwickeln oder sogar komplette Stücke zu erstellen.

Ein faszinierendes Beispiel für den Einsatz von KI in der Musik ist das Projekt „**AIVA**" (Artificial Intelligence Virtual Artist), das KI verwendet, um originale Musik für Filme, Videospiele und Werbung zu komponieren. Diese KI kann nicht nur im Stil berühmter Komponisten arbeiten, sondern auch eigene, einzigartige Kompositionen erschaffen. Dies führt zu der Überlegung, inwieweit KI die Musikindustrie beeinflussen wird und ob sie als ernstzunehmender Mitbewerber menschlicher Komponisten betrachtet werden kann.

KI im Design

Im Bereich des Designs bietet KI ebenfalls innovative Ansätze. Programme wie Adobe Sensei nutzen KI, um Designprozesse zu optimieren, indem sie Vorschläge für Layouts, Farben und Schriftarten machen. Diese Technologien ermöglichen es Designern, effizienter zu arbeiten und sich auf kreative Entscheidungen zu konzentrieren, während die KI repetitive Aufgaben übernimmt. Darüber hinaus können KI-gestützte Tools wie Runway ML Designern helfen, visuelle Effekte und Animationen zu erstellen, die zuvor viel Zeit und technisches Know-how erforderten.

Ein besonders interessantes Beispiel ist das Konzept des „**Generative Design**", bei dem KI-Algorithmen eine Vielzahl von Designalternativen basierend auf bestimmten Eingabeparametern erstellen. Dies wird häufig in der Architektur und Produktgestaltung verwendet, um innovative Lösungen zu finden, die sowohl funktional als auch ästhetisch ansprechend sind.

Die Herausforderungen und ethischen Überlegungen

Trotz der zahlreichen Vorteile, die die Integration von KI in den kreativen Prozess mit sich bringt, gibt es auch Herausforderungen und ethische Überlegungen. Die Frage der Urheberschaft ist zentral: Wer besitzt die Rechte an einem Kunstwerk, das von einer KI geschaffen wurde? Ist es der Programmierer, der die KI entwickelt hat, oder der Künstler, der die Eingaben gemacht hat? Zudem gibt es Bedenken hinsichtlich der Originalität und Authentizität von KI-generierten Kunstwerken. Kann ein Algorithmus wirklich kreativ sein, oder ist er lediglich ein Nachahmer?

Die Verbindung von Kunst und Künstlicher Intelligenz eröffnet faszinierende Möglichkeiten und stellt die traditionelle Auffassung von Kreativität in Frage. KI ist nicht nur ein Werkzeug, sondern ein Partner, der Künstler, Komponisten und Designer unterstützt, neue Wege zu erkunden und ihre kreativen Prozesse zu bereichern. Während wir uns in diese neue Ära der Kreativität bewegen, ist es entscheidend, die ethischen und philosophischen Fragen zu reflektieren, die diese Technologien aufwerfen. Letztlich könnte die Symbiose von Mensch und Maschine die Kunst zu neuen Höhen führen, die wir uns heute noch nicht vorstellen können.

KI in der Sportwelt

KI in der Sportanalyse und im Training

Die Integration von Künstlicher Intelligenz (KI) in die Sportwelt hat in den letzten Jahren einen tiefgreifenden Wandel in der Art und Weise bewirkt, wie Athleten trainiert werden, wie Spiele analysiert werden und wie Strategien entwickelt werden. Von der Leistungsdatenanalyse bis hin zur Optimierung von Trainingsprogrammen – KI hat das Potenzial, die

Grenzen des menschlichen Leistungsvermögens zu erweitern und Athleten dabei zu unterstützen, ihre Fähigkeiten auf ein neues Niveau zu heben.

Leistungsdatenanalyse

Ein zentraler Bereich, in dem KI im Sport von Bedeutung ist, ist die Analyse von Leistungsdaten. Durch den Einsatz von Sensoren, *Wearables* und *Videoanalyse* können enorme Mengen an Daten über die Leistung von Athleten gesammelt werden. KI-Algorithmen analysieren diese Daten, um Muster zu erkennen, Schwächen zu identifizieren und individuelle Stärken zu fördern. So können Trainer und Sportwissenschaftler fundierte Entscheidungen treffen, die auf objektiven Daten basieren, anstatt sich nur auf subjektive Beobachtungen zu verlassen.

Wearables sind tragbare Technologien, die in der Regel in Form von Kleidungsstücken, Accessoires oder Geräten entwickelt werden, um verschiedene Funktionen zu erfüllen. Diese Geräte sind oft mit Sensoren ausgestattet, die Daten über den Benutzer sammeln und analysieren können. Wearables sind in verschiedenen Bereichen nützlich, darunter Gesundheit, Fitness, Sport, Unterhaltung und Kommunikation. Es folgen einige der häufigsten Arten von Wearables und ihre Funktionen:

1. Fitness-Tracker
Diese Geräte sind darauf ausgelegt, körperliche Aktivitäten zu überwachen. Sie können Schritte zählen, Herzfrequenz messen, Kalorienverbrauch

berechnen und Schlafmuster analysieren. Beliebte Beispiele sind Fitbit und Garmin.

2. Smartwatches

Smartwatches kombinieren die Funktionen eines traditionellen Uhrenmodells mit den Möglichkeiten eines Smartphones. Sie können Benachrichtigungen anzeigen, Anrufe und Nachrichten empfangen, Fitnessdaten verfolgen und Apps ausführen. Beispiele sind die *Apple Watch* und die *Samsung Galaxy Watch*.

3. Smart-Brillen

Diese Geräte, wie Google Glass, ermöglichen es Benutzern, Informationen in einem Augmented-Reality-Format zu sehen. Sie können auch verwendet werden, um Fotos und Videos aufzunehmen oder Anweisungen anzuzeigen.

4. Körperliche Sensoren

Diese *Wearables* sind in der Regel in Kleidung oder spezielle Bandagen integriert und messen physiologische Daten wie *Temperatur*, *Puls* und andere *biometrische Informationen*. Sie werden häufig im medizinischen Bereich eingesetzt, um Patienten zu überwachen.

5. Headsets und Earbuds

Intelligente Kopfhörer oder Earbuds können Musik streamen, Anrufe annehmen und in einigen Fällen auch Fitnessdaten verfolgen, wie beispielsweise die Herzfrequenz.

6. Implantate

In einigen fortschrittlichen Anwendungen werden tragbare Technologien auch in Form von Implantaten eingesetzt, die Daten direkt vom Körper sammeln, wie z.B. Glukosesensoren für Diabetiker.

Anwendungen von Wearables

Wearables finden Anwendung in verschiedenen Bereichen:

Gesundheitsüberwachung: Sie helfen bei der Überwachung von Vitalzeichen und der Erkennung von gesundheitlichen Problemen.

Fitness und Sport: Athleten verwenden sie zur Leistungsanalyse und -verbesserung.

Alltagsleben: Sie können die Produktivität steigern, indem sie Benachrichtigungen und Informationen bereitstellen, ohne dass das Smartphone zur Hand genommen werden muss.

Wearables bieten eine Vielzahl von Vorteilen, indem sie Daten in Echtzeit sammeln und analysieren, was zu einer besseren Gesundheitsüberwachung, gesteigerter Fitness und einer erhöhten Effizienz im Alltag führen kann. Sie sind ein wichtiger Bestandteil der digitalen Transformation und tragen dazu bei, die Interaktion zwischen Mensch und Technologie zu verbessern.

Ein Beispiel für diese Anwendung findet sich im Basketball, wo KI-gestützte Analysewerkzeuge verwendet werden, um Spielzüge zu bewerten und die

Leistung von Spielern zu messen. Statistiken wie Wurfquoten, Bewegungsmuster und die Positionierung auf dem Feld werden erfasst und analysiert, um die Spielstrategie zu optimieren. Ähnliche Ansätze finden sich in vielen Sportarten, einschließlich Fußball, Tennis und Leichtathletik, wo die Datenanalyse entscheidend für den Erfolg ist.

Optimierung von Trainingsprogrammen

Die Anpassung von Trainingsprogrammen an die individuellen körperlichen Voraussetzungen eines Athleten ist ein weiterer Bereich, in dem KI eine wichtige Rolle spielt. Unterschiedliche Sportarten erfordern unterschiedliche körperliche Fähigkeiten, und innerhalb einer Sportart können die Anforderungen je nach Athlet variieren. Ein gutes Beispiel hierfür ist das Skispringen: Größere Athleten benötigen möglicherweise ein anderes Training als kleinere, um ihre Technik und Leistung zu maximieren. KI kann helfen, maßgeschneiderte Trainingspläne zu erstellen, die auf den individuellen Stärken und Schwächen der Athleten basieren.

Durch die Analyse von Bewegungsdaten und physiologischen Informationen kann KI Trainer dabei unterstützen, personalisierte Trainingsprogramme zu entwickeln, die das Risiko von Verletzungen minimieren und die Leistung maximieren. Diese datengetriebenen Ansätze ermöglichen es den Athleten, effizienter zu trainieren und ihre Fortschritte besser zu verfolgen.

Simulation und Training

Ein weiterer spannender Aspekt der KI im Sport ist die Nutzung von Simulationsumgebungen für das Training. Ähnlich wie in Berufen wie Medizin oder Militär können realistische Trainingsszenarien erstellt werden, die Athleten helfen, sich auf Wettkämpfe vorzubereiten. Diese Simulationen können verschiedene Spielsituationen nachbilden, in denen Athleten strategische Entscheidungen treffen und ihre Reaktionen trainieren müssen.

Im **Fußball** könnten beispielsweise virtuelle Realität (VR) und KI kombiniert werden, um Spielern zu helfen, ihre Entscheidungsfindung in Drucksituationen zu verbessern. Diese Technologien ermöglichen es den Athleten, in einer sicheren Umgebung zu üben, bevor sie in echten Wettkämpfen antreten. Diese Art des Trainings fördert nicht nur die technischen Fähigkeiten, sondern auch die mentale Stärke und das strategische Denken der Athleten.

Herausforderungen - ethische Überlegungen

Trotz der vielen Vorteile, die KI in der **Sportanalyse** und im **Training** bietet, gibt es auch Herausforderungen und ethische Überlegungen. Die Abhängigkeit von Technologie kann dazu führen, dass das menschliche Element in der Trainingsmethodik verloren geht. Zudem müssen Fragen des Datenschutzes und der Datensicherheit berücksichtigt werden, insbesondere wenn es um persönliche Leistungsdaten von Athleten geht. Es ist wichtig, dass die Verwendung von KI im Sport transparent und verantwortungsvoll erfolgt, um das Vertrauen der Athleten und der Öffentlichkeit zu gewinnen.

Die Rolle von Künstlicher Intelligenz in der **Sportanalyse** und im **Training** ist vielschichtig und revolutionär. Durch die Analyse von Leistungsdaten, die Optimierung von Trainingsprogrammen und die Nutzung von Simulationen hat KI das Potenzial, die Art und Weise, wie Athleten trainieren und sich auf Wettkämpfe vorbereiten, grundlegend zu verändern. Während wir in eine Zukunft blicken, in der Technologie eine immer größere Rolle im Sport spielt, ist es entscheidend, dass wir sowohl die Chancen als auch die Herausforderungen, die mit dieser Entwicklung einhergehen, sorgfältig abwägen. Letztendlich könnte KI dazu beitragen, das volle Potenzial von Athleten zu entfalten und neue Maßstäbe für sportliche Leistungen zu setzen.

KI-Einsatz in der Doping-Bekämpfung

Künstliche Intelligenz (KI) hat das Potenzial, eine bedeutende Rolle im Kampf gegen Doping im Sport zu spielen. Durch den Einsatz von KI-gestützten Technologien können Sportorganisationen, Trainer, Athleten und medizinisches Personal neue Wege finden, um Dopingpraktiken zu erkennen, zu verhindern und zu überwachen. Hier sind einige Möglichkeiten, wie KI im Anti-Doping-Bereich eingesetzt werden kann:

Datenanalyse und Mustererkennung

KI kann große Mengen an Leistungsdaten, Testergebnissen und biologischen Profilen analysieren, um Muster zu erkennen, die auf Doping hinweisen könnten. Durch den Vergleich von Daten über einen längeren Zeitraum kann KI Abweichungen identifizieren, die auf den Einsatz verbotener Substanzen hindeuten. Beispielsweise können plötzliche Leistungssteigerungen oder unerwartete Veränderungen in biologischen Markern analysiert werden.

Vorhersagemodelle

Durch maschinelles Lernen können Modelle entwickelt werden, die vorhersagen, welche Athleten ein höheres Risiko haben, Dopingpraktiken in Anspruch zu nehmen. Diese Modelle können Faktoren wie historische Daten, Leistungssteigerungen und Verletzungshistorien berücksichtigen. Solche Vorhersagen können dazu beitragen, gezielte Kontrollen durchzuführen und präventive Maßnahmen zu ergreifen.

Echtzeitüberwachung

Wearables und Sensoren, die mit KI-Algorithmen ausgestattet sind, können Athleten in Echtzeit überwachen. Diese Technologien können physiologische Daten sammeln und analysieren, um Anomalien zu erkennen, die auf den Einsatz von leistungssteigernden Substanzen hindeuten könnten. Die kontinuierliche Überwachung könnte dazu beitragen, verdächtiges Verhalten frühzeitig zu erkennen.

Optimierung von Dopingtests

KI kann helfen, Dopingtests effizienter zu gestalten, indem sie die Auswahl von Proben optimiert und die Analyse von Testergebnissen automatisiert. Durch den Einsatz von KI-Algorithmen zur Auswertung von Testergebnissen können Labore schneller zu Ergebnissen kommen und verdächtige Proben priorisieren.

Bildung und Sensibilisierung

KI kann auch in der Ausbildung von Athleten und Trainern eingesetzt werden, um das Bewusstsein für Dopingrisiken und die Bedeutung des sauberen Sports zu schärfen. Interaktive Lernplattformen können KI nutzen, um personalisierte Schulungen anzubieten, die auf den spezifischen Bedürfnissen und Verhaltensweisen der Athleten basieren.

Herausforderungen - ethische Überlegungen

Trotz der vielversprechenden Möglichkeiten gibt es auch Herausforderungen. Der Einsatz von KI im Anti-Doping-Kampf wirft Fragen zur Privatsphäre und zum Datenschutz auf, insbesondere wenn es um die Sammlung und Analyse von persönlichen Gesundheitsdaten geht. Zudem besteht die Gefahr, dass Athleten, die fälschlicherweise als dopingverdächtig eingestuft werden, ungerechtfertigt bestraft werden.

Künstliche Intelligenz hat das Potenzial, den Kampf gegen Doping im Sport erheblich zu verbessern. Durch die Analyse von Daten, die Entwicklung von Vorhersagemodellen und die **Optimierung von Dopingtests** kann KI dazu beitragen, die Integrität des Sports zu wahren und Athleten zu schützen. Um jedoch die besten Ergebnisse zu erzielen, ist es wichtig, dass der Einsatz von KI ethisch und verantwortungsbewusst erfolgt.

Die Rolle von KI in der psychischen Gesundheit und Cyberpsychologie

In der heutigen schnelllebigen Welt, in der technologische Innovationen unaufhörlich voranschreiten, spielen Künstliche Intelligenz (KI) und digitale Anwendungen eine zunehmend zentrale Rolle in der Unterstützung der psychischen Gesundheit. Die Herausforderungen, die mit Stress, Angst und anderen psychischen Erkrankungen verbunden sind, erfordern innovative Ansätze, um betroffenen Personen effektive Hilfestellungen zu bieten. In diesem Kontext erweist sich KI als ein vielversprechendes Werkzeug, das nicht nur personalisierte Ratschläge und Ressourcen bereitstellt, sondern auch tiefere Einblicke in das menschliche Verhalten im digitalen Raum ermöglicht.

KI-gestützte Anwendungen zur Unterstützung der psychischen Gesundheit

Die psychische Gesundheit ist ein komplexes und vielschichtiges Thema, das oft individuelle Ansätze erfordert. Traditionelle Therapieformen können für viele Menschen eine wertvolle Unterstützung sein, jedoch ist der Zugang zu diesen Dienstleistungen nicht immer gewährleistet. Hier kommen KI-gestützte

Anwendungen ins Spiel, die es ermöglichen, psychische Herausforderungen auf innovative Weise anzugehen. Diese Anwendungen nutzen maschinelles Lernen und Datenanalyse, um personalisierte Ratschläge zu geben und Ressourcen bereitzustellen, die auf den spezifischen Bedürfnissen der Nutzer basieren.

Ein Beispiel für solche Anwendungen sind **Chatbots** und **digitale Therapeuten**, die rund um die Uhr verfügbar und in der Lage sind, auf die Emotionen und Anliegen der Benutzer einzugehen. Diese Tools können einfache Übungen zur Stressbewältigung, Achtsamkeitspraktiken und kognitive Verhaltenstherapie anbieten. Durch die Analyse von Benutzerdaten können sie auch Muster und Trends im Verhalten erkennen und den Nutzern helfen, ihre emotionalen Zustände besser zu verstehen und zu steuern.

Darüber hinaus ermöglichen KI-gestützte Anwendungen eine anonymisierte und zugängliche Plattform für Menschen, die möglicherweise zögern, Hilfe in Anspruch zu nehmen. Diese Anonymität kann Hemmungen abbauen und es den Nutzern erleichtern, über ihre Probleme zu sprechen, was letztlich zu einer besseren psychischen Gesundheit führen kann.

Cyberpsychologie und das Verständnis menschlichen Verhaltens

Ein weiterer bedeutender Bereich, in dem KI Anwendung findet, ist die Cyberpsychologie. Diese Disziplin untersucht, wie das Internet und digitale Technologien das Verhalten, die Emotionen und die sozialen Interaktionen von Menschen beeinflussen. KI kann hier eine Schlüsselrolle spielen, indem sie große Datenmengen analysiert, um psychologische Muster im Online-Verhalten zu erkennen. Solche Analysen können dazu beitragen, das Verständnis für die Auswirkungen von sozialen Medien, Online-Spielen und anderen digitalen Interaktionen zu vertiefen.

Durch die Untersuchung von Online-Verhalten können Forscher beispielsweise herausfinden, wie sich bestimmte Inhalte auf die Stimmung von Nutzern auswirken oder welche Faktoren zu Cybermobbing und anderen negativen Verhaltensweisen führen. Diese Erkenntnisse sind entscheidend, um geeignete Interventionen zu entwickeln, die das Wohlbefinden im digitalen Raum fördern. Darüber hinaus können Unternehmen und Plattformen durch die Anwendung dieser Erkenntnisse ihre Dienste so gestalten, dass sie das psychische Wohlbefinden der Nutzer unterstützen.

Herausforderungen - ethische Überlegungen
Trotz der vielversprechenden Möglichkeiten, die KI im Bereich der psychischen Gesundheit und der Cyberpsychologie bietet, gibt es auch Herausforderungen und ethische Überlegungen, die berücksichtigt werden müssen. Die Verwendung von KI zur Analyse von persönlichen Daten wirft Fragen zum Datenschutz und zur Datensicherheit auf. Es ist

entscheidend, dass Nutzer informiert werden und die Kontrolle über ihre Daten behalten. Darüber hinaus muss sichergestellt werden, dass KI-gestützte Anwendungen nicht als Ersatz für professionelle psychologische Hilfe angesehen werden, sondern vielmehr als ergänzendes Werkzeug zur Unterstützung der psychischen Gesundheit.

Die Integration von Künstlicher Intelligenz in die Bereiche der psychischen Gesundheit und Cyberpsychologie eröffnet neue Perspektiven für die Unterstützung von Menschen, die mit psychischen Herausforderungen kämpfen. Durch personalisierte Ratschläge und die Analyse von Online-Verhalten können KI-gestützte Anwendungen dazu beitragen, das Verständnis für menschliches Verhalten zu vertiefen und das psychische Wohlbefinden zu fördern. Dennoch ist es wichtig, die ethischen Implikationen und Herausforderungen, die mit der Nutzung dieser Technologien einhergehen, sorgfältig zu berücksichtigen, um sicherzustellen, dass sie verantwortungsbewusst und effektiv eingesetzt werden. In einer zunehmend digitalen Welt wird die Verbindung von psychologischen Erkenntnissen und technologischen Innovationen entscheidend sein, um den Menschen in ihrer emotionalen und psychischen Gesundheit zu helfen.

Die Rolle von KI in der Verhaltensforschung und Sprachtherapie

In der heutigen digitalen Ära hat die Künstliche Intelligenz (KI) das Potenzial, zahlreiche Bereiche des menschlichen Lebens zu transformieren. Zwei besonders bemerkenswerte Anwendungsfelder sind die *Verhaltensforschung* und die *Sprachtherapie*. Durch die Analyse von großen Datenmengen und die Entwicklung personalisierter Ansätze kann KI wertvolle Einblicke in soziale Dynamiken, Konsumverhalten und psychologische Trends bieten sowie Menschen mit Sprach- und Kommunikationsschwierigkeiten unterstützen.

KI in der Verhaltensforschung

Die Verhaltensforschung zielt darauf ab, menschliches Verhalten zu verstehen und die zugrundeliegenden Mechanismen zu untersuchen. Traditionell basierte diese Forschung auf Umfragen, Interviews und Beobachtungen, was oft zeitaufwendig und anfällig für Verzerrungen war. Mit dem Aufkommen von KI-Technologien ist es nun möglich, große Datenmengen in Echtzeit zu analysieren, um Muster und Trends im menschlichen Verhalten zu erkennen.

KI-gestützte Algorithmen können Daten aus verschiedenen Quellen wie sozialen Medien, Online-Käufen und Umfragen aggregieren und analysieren. Diese Analysen ermöglichen es Forschern, tiefere Einblicke in soziale Dynamiken zu gewinnen, etwa wie Gruppen interagieren, welche Faktoren das Konsumverhalten beeinflussen und wie psychologische Trends im Laufe der Zeit variieren. Beispielsweise kann die Analyse von Social-Media-Daten Aufschluss darüber geben, wie gesellschaftliche Ereignisse die öffentliche Meinung beeinflussen oder welche Themen in der Gesellschaft an Bedeutung gewinnen.

Ein weiterer Vorteil der KI in der Verhaltensforschung ist die Möglichkeit, Vorhersagemodelle zu entwickeln. Durch maschinelles Lernen können Forscher zukünftige Verhaltensweisen oder Trends auf der Grundlage historischer Daten prognostizieren. Dies hat weitreichende Implikationen für Unternehmen, die ihre Marketingstrategien anpassen können, sowie für politische Entscheidungsträger, die bessere Entscheidungen aufgrund besserer Informationen treffen können.

KI in der Sprachtherapie
Ein weiteres faszinierendes Anwendungsfeld von KI ist die Sprachtherapie. Menschen mit Sprach- oder Kommunikationsschwierigkeiten, sei es aufgrund von Entwicklungsstörungen, neurologischen Erkrankungen oder Verletzungen, können von KI-gestützten Anwendungen erheblich profitieren. Diese Technologien bieten personalisierte Übungen und Interventionen, die auf den individuellen Bedürfnissen der Nutzer basieren.

KI-Anwendungen in der Sprachtherapie nutzen Spracherkennung und natürliche Sprachverarbeitung, um Fortschritte zu verfolgen und spezifische Übungen anzubieten. Beispielsweise können solche Anwendungen den Nutzern helfen, ihre Aussprache zu verbessern, den Wortschatz zu erweitern oder

Grammatikkenntnisse zu festigen. Durch interaktive Übungen und sofortiges Feedback können die Nutzer motiviert werden, kontinuierlich zu üben und ihre Fähigkeiten zu verbessern.

Ein weiterer Vorteil dieser Technologien ist die Zugänglichkeit. KI-gestützte Sprachtherapie-Tools können rund um die Uhr genutzt werden, wodurch Menschen, die möglicherweise keine regelmäßige Therapie in Anspruch nehmen können, dennoch Unterstützung erhalten. Diese Flexibilität kann besonders für Familien von Bedeutung sein, die in ländlichen Gebieten leben oder über begrenzte finanzielle Mittel verfügen.

Herausforderungen - ethische Überlegungen
Trotz der zahlreichen Vorteile, die KI in der Verhaltensforschung und Sprachtherapie bieten kann, gibt es auch Herausforderungen und ethische Überlegungen, die berücksichtigt werden müssen. In der Verhaltensforschung besteht die Gefahr, dass die Interpretation von Daten durch algorithmische Verzerrungen beeinflusst wird. Es ist wichtig, sicherzustellen, dass die verwendeten Daten repräsentativ und divers sind, um ungenaue oder schädliche Schlussfolgerungen zu vermeiden.

In der Sprachtherapie müssen Fragen des Datenschutzes und der Datensicherheit besonders beachtet werden. Die Verarbeitung sensibler Informationen über das Kommunikationsverhalten von Nutzern erfordert strenge Sicherheitsmaßnahmen, um das

Vertrauen der Nutzer zu gewinnen und zu erhalten. Zudem sollte die Rolle von KI nicht als Ersatz für qualifizierte Fachkräfte gesehen werden, sondern als ergänzendes Werkzeug, das die Arbeit von Sprachtherapeuten unterstützen kann.

Die Integration von Künstlicher Intelligenz in die Verhaltensforschung und Sprachtherapie bietet vielversprechende Möglichkeiten, um menschliches Verhalten besser zu verstehen und Menschen mit Kommunikationsschwierigkeiten zu unterstützen. Durch die Analyse großer Datenmengen und die Bereitstellung personalisierter Interventionen können KI-Technologien wertvolle Einblicke und Hilfestellungen bieten. Dennoch ist es entscheidend, die damit verbundenen Herausforderungen und ethischen Implikationen sorgfältig zu berücksichtigen, um sicherzustellen, dass diese Technologien verantwortungsbewusst und effektiv eingesetzt werden. In einer Zeit, in der technologische Innovationen unaufhörlich voranschreiten, wird die Rolle von KI in diesen Bereichen zunehmend relevant und könnte entscheidend dazu beitragen, das Leben vieler Menschen zu verbessern.

KI in sozialen Netzwerken und der Cybersecurity

Die fortschreitende Digitalisierung hat die Art und Weise, wie wir kommunizieren, interagieren und Informationen austauschen, grundlegend verändert. Soziale Netzwerke und Cybersecurity sind zwei

Bereiche, in denen KI eine transformative Rolle spielt. Während soziale Netzwerke durch personalisierte Inhalte und verbesserte Nutzererfahrungen profitieren, trägt KI in der Cybersecurity dazu bei, Systeme vor Bedrohungen und Angriffen zu schützen.

KI in sozialen Netzwerken

Soziale Netzwerke sind Plattformen, die es Nutzern ermöglichen, miteinander zu interagieren, Informationen auszutauschen und Gemeinschaften zu bilden. Angesichts der schieren Menge an Inhalten, die täglich generiert werden, ist die effektive Verwaltung dieser Informationen eine enorme Herausforderung. Hier kommt KI ins Spiel.

Einer der bedeutendsten Vorteile von KI in sozialen Netzwerken ist die Fähigkeit zur Inhaltskuratierung, d.h. Algorithmen analysieren das Verhalten der Nutzer, einschließlich ihrer Vorlieben, Interaktionen und Interessen, um personalisierte Inhalte bereitzustellen. Diese maßgeschneiderten Empfehlungen erhöhen die Wahrscheinlichkeit, dass Nutzer mit den Inhalten interagieren, was zu einer höheren Nutzerbindung führt. Plattformen wie Facebook, Instagram und TikTok verwenden KI-gestützte Empfehlungsalgorithmen, um relevante Posts, Videos und Anzeigen anzuzeigen, die auf den individuellen Vorlieben der Nutzer basieren. Dies verbessert nicht nur die Nutzererfahrung, sondern erhöht auch die Werbeeinnahmen der Plattformen.

Ein weiterer wichtiger Aspekt ist die Erkennung von **Spam** und schädlichen Inhalten. KI-Algorithmen können Muster im Nutzerverhalten identifizieren, die auf Spam oder unangemessene Inhalte hinweisen. Durch maschinelles Lernen sind diese Systeme in der Lage, kontinuierlich dazuzulernen und ihre Erkennungsfähigkeiten zu verbessern. Dies trägt dazu bei, die Qualität der Inhalte in sozialen Netzwerken zu erhöhen und die Nutzer vor potenziell schädlichen Informationen zu schützen.

Darüber hinaus ermöglicht KI die Verbesserung der Nutzererfahrung durch die Analyse von Feedback und Interaktionen. Durch die Auswertung von Kommentaren, Likes und Shares können soziale Netzwerke das Nutzerverhalten besser verstehen und ihre Plattformen entsprechend anpassen. Dies führt zu einer dynamischeren und ansprechenderen Nutzerumgebung, in der die Nutzer das Gefühl haben, dass ihre Meinungen und Vorlieben geschätzt werden.

KI in der Cybersecurity
Parallel zu den Vorteilen von KI in sozialen Netzwerken spielt sie auch eine entscheidende Rolle in der Cybersecurity. In einer Zeit, in der **Cyberangriffe** zunehmend komplexer und  raffinierter werden, ist es für Organisationen unerlässlich, ihre Systeme vor Bedrohungen zu schützen. KI bietet hier innovative Lösungen.

Die Echtzeiterkennung von Bedrohungen ist eine der bemerkenswertesten Anwendungen von KI in der Cybersecurity. Durch die Analyse von Netzwerkverkehr und Nutzerverhalten kann KI Anomalien identifizieren, die auf einen möglichen Cyberangriff hinweisen. Diese Algorithmen sind in der Lage, Muster zu erkennen, die für menschliche Analysten möglicherweise nicht sofort erkennbar sind, und können so potenzielle Bedrohungen in Echtzeit melden. Dies ermöglicht es Unternehmen, schnell zu reagieren und Schäden zu minimieren.

Zusätzlich zur Bedrohungserkennung kann KI automatisierte Sicherheitsmaßnahmen ergreifen. Wenn eine Anomalie erkannt wird, können KI-Systeme sofortige Maßnahmen ergreifen, wie das Blockieren von verdächtigen IP-Adressen oder das Isolieren betroffener Systeme. Diese Automatisierung reduziert die Reaktionszeit auf Bedrohungen erheblich und ermöglicht es Sicherheitsteams, sich auf strategischere Aufgaben zu konzentrieren.

Ein weiterer Aspekt der KI in der **Cybersecurity** ist die Prävention durch Risikoanalyse. Durch die Analyse historischer Daten über Cyberangriffe und Sicherheitsvorfälle können KI-Modelle potenzielle Schwachstellen in einem System identifizieren. Diese proaktive Herangehensweise ermöglicht es Unternehmen, Sicherheitslücken zu schließen, bevor sie ausgenutzt werden können.

Herausforderungen - ethische Überlegungen

Trotz der vielen Vorteile, die KI in sozialen Netzwerken und der Cybersecurity bietet, gibt es auch Herausforderungen und ethische Überlegungen. In sozialen Netzwerken besteht die Gefahr, dass die übermäßige Personalisierung zu einer Filterblase führt, in der Nutzer nur noch Informationen sehen, die ihre bestehenden Überzeugungen bestätigen. Dies kann zu einer Polarisierung der Meinungen und einem Mangel an Vielfalt in der Informationsaufnahme führen.

In der Cybersecurity sind Datenschutz und ethische Fragen von größter Bedeutung. Die Erfassung und Analyse von Nutzerdaten zur Bedrohungserkennung muss sorgfältig durchgeführt werden, um die Privatsphäre der Nutzer zu wahren. Organisationen müssen sicherstellen, dass sie transparente Richtlinien haben und die Zustimmung der Nutzer einholen, bevor sie deren Daten verwenden.

Künstliche Intelligenz hat das Potenzial, sowohl soziale Netzwerke als auch die Cybersecurity erheblich zu transformieren. In sozialen Netzwerken verbessert KI die Nutzererfahrung durch personalisierte Inhalte und die Erkennung von Spams, während sie in der Cybersecurity dazu beiträgt, Bedrohungen in Echtzeit zu erkennen und automatisierte Sicherheitsmaßnahmen zu ergreifen. Trotz der Herausforderungen und ethischen Überlegungen ist die Rolle von KI in diesen Bereichen entscheidend für die zukünftige Entwicklung und Sicherheit der digitalen Welt.

140

Mit einem verantwortungsvollen Ansatz können KI-Technologien sowohl das Nutzererlebnis in sozialen Netzwerken verbessern als auch die Sicherheitsmaßnahmen in der Cybersecurity revolutionieren.

KI in der Telekommunikation

In der heutigen digitalen Welt sind Telekommunikationsnetzwerke das Rückgrat moderner Gesellschaften. Sie ermöglichen nicht nur die Kommunikation zwischen Individuen, sondern auch den Austausch von Informationen und Daten zwischen Unternehmen, Institutionen und Regierungen. Mit der fortschreitenden Digitalisierung und der exponentiellen Zunahme von Datenverkehr wird die Notwendigkeit, diese Netzwerke effizient und zuverlässig zu betreiben, immer dringlicher. Hier kommt die KI ins Spiel, die das Potenzial hat, die Telekommunikationsbranche grundlegend zu transformieren.

Optimierung von Netzwerken

Einer der bedeutendsten Vorteile von KI in der Telekommunikation liegt in der Optimierung von Netzwerken. Durch den Einsatz von *Machine Learning-Algorithmen* können Netzbetreiber Daten in Echtzeit analysieren, um die Leistung ihrer Netzwerke zu maximieren. Diese Algorithmen können Muster im Nutzerverhalten erkennen und Vorhersagen darüber treffen, wie sich der Datenverkehr in Zukunft entwickeln wird. Auf dieser Grundlage können Netzwerke dynamisch angepasst werden, um Überlastungen zu verhindern und die Bandbreite effizienter zu verteilen.

Ein Beispiel hierfür ist die Implementierung von KI-gestützten Systemen, die automatisch die Netzwerkressourcen anpassen, um Spitzenlasten zu bewältigen. Diese Systeme sind in der Lage, die Nutzungsmuster der Nutzer zu erkennen und proaktiv Maßnahmen zu ergreifen, bevor es zu einer Überlastung kommt. Dies führt nicht nur zu einer besseren Nutzererfahrung, sondern auch zu einer Reduzierung der Betriebskosten für die Netzbetreiber.

Verbesserung der Sprach- und Datenqualität

Ein weiterer wichtiger Aspekt ist die Verbesserung der Qualität von Anrufen und Datenübertragungen. KI kann dabei helfen, die Sprach- und Datenqualität durch die Anwendung von Technologien wie *Voice over IP* (VoIP) und Videoanrufen zu optimieren. Durch den Einsatz von KI-gestützten Algorithmen zur Rauschunterdrückung und zur Verbesserung von Sprach- und Bildsignalen können Telekommunikationsanbieter sicherstellen, dass ihre Kunden eine hohe Qualität bei Anrufen und Datenübertragungen genießen.

Darüber hinaus kann KI auch zur Analyse von Anrufdaten verwendet werden, um die Gesprächsqualität in Echtzeit zu überwachen. Wenn Probleme erkannt werden, kann das System sofort eingreifen, um die Qualität zu verbessern, indem es beispielsweise die

Bandbreite anpasst oder alternative Übertragungswege wählt.

Vorhersage und Behebung von Störungen

Ein weiteres bemerkenswertes Anwendungsszenario für KI in der Telekommunikation ist die Vorhersage und Behebung von Störungen im Netzwerk. Störungen können erhebliche Auswirkungen auf die Nutzererfahrung und die Betriebskosten haben. KI kann durch prädiktive Analysen und Mustererkennung potenzielle Störungen identifizieren, bevor sie auftreten. Dies ermöglicht es den Netzbetreibern, proaktiv Maßnahmen zu ergreifen und Probleme zu beheben, bevor sie die Nutzer beeinträchtigen.

Durch den Einsatz von KI-gestützten *Monitoring-Systemen* können Netzbetreiber auch die Ursachen von Störungen schneller diagnostizieren und Lösungen implementieren. Dies reduziert nicht nur die Ausfallzeiten, sondern verbessert auch die allgemeine Zuverlässigkeit der Netzwerke.

Die Integration von Künstlicher Intelligenz in die Telekommunikationsbranche ist nicht nur eine technologische Innovation, sondern eine Notwendigkeit, um den Anforderungen einer zunehmend vernetzten Welt gerecht zu werden. Die Optimierung von Netzwerken, die Verbesserung der Sprach- und Datenqualität sowie die Vorhersage und Behebung von Störungen sind entscheidende Faktoren, die durch KI revolutioniert werden können.

In einer Zeit, in der der Datenverkehr exponentiell zunimmt und die Erwartungen der Nutzer an die Servicequalität steigen, wird die Rolle von KI in der Telekommunikation weiter an Bedeutung gewinnen. Netzbetreiber, die in KI-Technologien investieren und diese effektiv nutzen, werden nicht nur ihre Betriebsabläufe optimieren, sondern auch die Kundenzufriedenheit steigern und sich einen Wettbewerbsvorteil verschaffen. Die Zukunft der Telekommunikation wird zweifellos von den Möglichkeiten geprägt sein, die Künstliche Intelligenz bietet.

KI in der Umfragen- und Meinungsforschung

In einer zunehmend datengetriebenen Welt gewinnen Meinungsforschung und Umfragen an Bedeutung, da sie wertvolle Einblicke in die Einstellungen und Präferenzen von Menschen bieten. Traditionell war die Durchführung und Analyse von Umfragen ein zeitaufwendiger und oft fehleranfälliger Prozess. Mit dem Aufkommen der Künstlichen Intelligenz (KI) hat sich jedoch ein Paradigmenwechsel vollzogen, der die Art und Weise, wie Umfragedaten erfasst, analysiert und interpretiert werden, revolutioniert.

Effizienzsteigerung durch KI

Die erste und offensichtlichste Auswirkung von KI in der **Meinungsforschung** ist die Effizienzsteigerung. Früher mussten Forscher große Mengen an Umfragedaten manuell auswerten, was nicht nur zeitaufwendig war, sondern auch anfällig für menschliche

Fehler. Künstliche Intelligenz kann diese Daten in Echtzeit analysieren und Muster erkennen, die für menschliche Analysten möglicherweise nicht sofort erkennbar sind. Algorithmen des maschinellen Lernens können große Datensätze mit Leichtigkeit verarbeiten und ermöglichen es den Forschern, schnellere und fundiertere Entscheidungen zu treffen.

Ein typisches Beispiel ist die Sentiment-Analyse, bei der KI-gestützte Systeme Texte aus sozialen Medien, Umfragen oder Online-Bewertungen auswerten, um die allgemeine Stimmung oder Einstellung der Befragten zu bestimmen. Durch die Analyse von Schlüsselwörtern, Phrasen und Kontextinformationen kann KI nicht nur erkennen, ob eine Aussage positiv, negativ oder neutral ist, sondern auch tiefere Einblicke in die zugrundeliegenden Emotionen und Motivationen der Befragten bieten.

Tiefere Einblicke und Mustererkennung
Die Fähigkeit von KI, Muster in großen Datensätzen zu erkennen, eröffnet neue Möglichkeiten für die Meinungsforschung. Durch den Einsatz von *Clustering-Algorithmen* können Forscher ähnliche Gruppen von Befragten identifizieren und deren spezifische Bedürfnisse und Präferenzen besser verstehen. Dies ermöglicht eine differenzierte **Segmentierung der Zielgruppen**, die für maßgeschneiderte *Marketingstrategien* und *Produktentwicklungen* von entscheidender Bedeutung ist - Der Satz beschreibt, wie KI dazu beiträgt, Zielgruppen präziser zu definieren,

was Unternehmen hilft, ihre Marketing- und Produktstrategien effektiver zu gestalten.

Darüber hinaus können KI-Modelle auch Vorhersagen über zukünftige Trends und Verhaltensweisen treffen. Unternehmen können auf diese Weise proaktiv auf Veränderungen in den Meinungen und Präferenzen der Verbraucher reagieren, anstatt nur reaktiv zu handeln. Dies ist besonders wichtig in schnelllebigen Märkten, in denen sich die Meinungen der Verbraucher rasch ändern können.

Herausforderungen und ethische Überlegungen
Trotz der zahlreichen Vorteile, die der Einsatz von KI in der Umfragen- und Meinungsforschung mit sich bringt, gibt es auch Herausforderungen und ethische Überlegungen, die nicht ignoriert werden dürfen. Die Qualität der KI-Analysen hängt stark von den verwendeten Daten ab. Verzerrte oder unzureichende Daten können zu fehlerhaften Schlussfolgerungen führen. Beispielsweise kann eine übermäßige Abhängigkeit von Online-Umfragen die Meinungen bestimmter Bevölkerungsgruppen unterrepräsentieren, was zu einer verzerrten Sicht auf die öffentliche Meinung führen kann.

Ein weiteres wichtiges Thema ist die **Transparenz** und Nachvollziehbarkeit der KI-Algorithmen. Wenn Unternehmen und Organisationen KI-gestützte Analysen durchführen, müssen sie sicherstellen, dass die verwendeten Algorithmen nachvollziehbar sind und dass die Ergebnisse in einem klaren und verständlichen Format präsentiert werden. Dies ist entscheidend, um das Vertrauen der Öffentlichkeit in die Ergebnisse der Meinungsforschung zu gewährleisten.

Die Künstliche Intelligenz hat das Potenzial, die Umfragen- und Meinungsforschung grundlegend zu transformieren. Durch die Effizienzsteigerung, die tiefere Einblicke und die Mustererkennung, die KI ermöglicht, können Unternehmen und Organisationen besser auf die Bedürfnisse ihrer Zielgruppen eingehen und fundiertere Entscheidungen treffen. Dennoch müssen die Herausforderungen und ethischen Überlegungen, die mit der Verwendung von KI verbunden sind, ernst genommen werden. Nur durch verantwortungsbewussten und transparenten Umgang mit KI-Technologien können wir sicherstellen, dass sie zum Wohl der Gesellschaft eingesetzt werden und die Qualität und Integrität der Meinungsforschung gewahrt bleibt. In einer Welt, die zunehmend von Daten geprägt ist, wird der Einsatz von KI in der Meinungsforschung ein entscheidender Faktor für den Erfolg von Unternehmen und Organisationen sein.

KI in der Logistik und im Lieferkettenmanagement

Angesichts der Tatsache, dass vor allem globale Unternehmen Menschen in ärmeren Ländern ausbeuten und unter katastrophalen Bedingungen arbeiten lassen, hat die EU das Lieferkettengesetz erlassen, wogegen Firmen und Parteien, die von Lobbyisten gesponsert werden Sturm laufen. Die großen Firmen nutzen Lücken des Gesetzes und geben die die bürokratischen Arbeiten an kleinere Firmen, die von ihnen abhängig sind, weiter. Die Lücken müssen geschlossen werden, was konservative und rechte Parteien zu verhindern suchen. In Europa und den Ländern, die für Europa produzieren, kann man folgendes sagen:

In der heutigen globalisierten Wirtschaft sind effiziente Logistik- und Lieferketten von entscheidender Bedeutung für den Erfolg von Unternehmen. Die Fähigkeit, Produkte rechtzeitig und kosteneffizient zu liefern, kann den Unterschied zwischen einem florierenden Geschäft und einem gescheiterten Unternehmen ausmachen. Mit dem Aufkommen der Künstlichen Intelligenz (KI) hat sich die Art und Weise, wie Unternehmen ihre Logistik und Lieferketten verwalten, erheblich verändert. KI-gestützte Technologien ermöglichen es Unternehmen, präzisere Vorhersagen über die Nachfrage zu treffen, Routen zu optimieren und Lagerbestände effizient zu verwalten. Es gilt, die verschiedenen Möglichkeiten zu untersuchen, wie KI die Effizienz von Logistik und Lieferketten verbessert, sowie die Herausforderungen, die mit ihrer Implementierung verbunden sind, ins Werk zu setzen.

Vorhersage der Nachfrage

Eine der größten Herausforderungen im Lieferkettenmanagement ist die genaue Vorhersage der Nachfrage. Traditionelle Methoden basierten oft auf historischen Verkaufsdaten und saisonalen Trends, die nicht immer die tatsächlichen Bedürfnisse der Verbraucher widerspiegeln. KI verändert diesen Ansatz grundlegend. Durch den Einsatz von maschinellem Lernen kann KI große Mengen an Daten analysieren, einschließlich Verkaufszahlen, Wetterbedingungen, Markttrends und Verbraucherverhalten, um präzisere Vorhersagen zu treffen.

Diese Vorhersagen ermöglichen es Unternehmen, ihre Produktions- und Beschaffungsstrategien besser zu planen. Wenn ein Unternehmen beispielsweise weiß, dass die Nachfrage nach einem bestimmten Produkt in den kommenden Monaten steigen wird, kann es rechtzeitig mehr Rohstoffe bestellen und die Produktion hochfahren. Dies reduziert das Risiko von Engpässen und Überbeständen, was nicht nur kosteneffizienter ist, sondern auch die Kundenzufriedenheit erhöht.

Routenoptimierung

Ein weiterer Bereich, in dem KI erhebliche Verbesserungen bietet, ist die Routenoptimierung. Die Auswahl der effizientesten Routen für die Lieferung von Waren ist entscheidend, um Zeit und Kosten zu sparen. Traditionelle Routenplanungsmethoden berücksichtigten oft nur grundlegende Faktoren wie Entfernung und Verkehr, während KI-gestützte Systeme eine Vielzahl von Variablen berücksichtigen können.

Durch die Analyse von Echtzeitdaten, einschließlich Verkehrsmustern, Wetterbedingungen und Straßenverhältnissen, kann KI die optimalen Routen für Lieferfahrzeuge berechnen. Dies führt zu kürzeren Lieferzeiten, geringeren Kraftstoffkosten und einer Reduzierung des CO_2-Ausstoßes. Darüber hinaus kann KI auch ständig Anpassungen vornehmen, wenn unvorhergesehene Ereignisse eintreten, wie beispielsweise Verkehrsunfälle oder Straßensperrungen, wodurch die Effizienz des gesamten Lieferprozesses weiter gesteigert wird.

Lagerbestandsmanagement

Das effektive Management von Lagerbeständen ist ein weiterer kritischer Aspekt der Logistik, der durch KI optimiert werden kann. Überbestände können zu hohen Lagerkosten führen, während Unterbestände das Risiko von Verkaufsverlusten und unzufriedenen Kunden erhöhen. KI-gestützte Systeme können die

Lagerbestände in Echtzeit überwachen und analysieren, um sicherzustellen, dass die richtigen Produkte zur richtigen Zeit verfügbar sind.

Durch prädiktive Analysen kann KI Unternehmen helfen, die optimale Menge an Produkten zu bestimmen, die vorrätig sein sollte, basierend auf der Nachfrageprognose und den Verkaufsdaten. Diese Systeme können auch automatisierte Nachbestellungen auslösen, wenn bestimmte Schwellenwerte erreicht werden, was den Verwaltungsaufwand reduziert und die Effizienz steigert.

Herausforderungen der Implementierung

Trotz der zahlreichen Vorteile, die der Einsatz von KI in der Logistik und im Lieferkettenmanagement mit sich bringt, gibt es auch Herausforderungen, die Unternehmen berücksichtigen müssen. Die Implementierung von KI-Technologien erfordert erhebliche Investitionen in Hardware, Software und Schulungen für Mitarbeiter. Zudem müssen Unternehmen sicherstellen, dass sie über qualitativ hochwertige Daten verfügen, um genaue Vorhersagen und Analysen durchführen zu können.

Ein weiteres Problem ist die Integration von KI-Systemen in bestehende Logistikprozesse. Viele Unternehmen arbeiten mit veralteten Systemen, die möglicherweise nicht mit modernen KI-Technologien kompatibel sind. Um den vollen Nutzen aus KI-gestützten Lösungen zu ziehen, müssen Unternehmen bereit sein, ihre bestehenden Prozesse zu überdenken und gegebenenfalls zu optimieren.

Die Künstliche Intelligenz hat das Potenzial, die Effizienz von Logistik und Lieferketten erheblich zu verbessern. Durch präzisere Nachfragevorhersagen, optimierte Routenplanung und effektives Lagerbestandsmanagement können Unternehmen nicht nur Kosten senken, sondern auch die Kundenzufriedenheit steigern. Dennoch müssen die Herausforderungen, die mit der Implementierung von KI verbunden sind, ernst genommen werden. Unternehmen, die bereit sind, in KI-Technologien zu investieren und ihre Prozesse entsprechend anzupassen, werden in der Lage sein, sich in einem wettbewerbsintensiven Markt erfolgreich zu behaupten und ihre Effizienz nachhaltig zu steigern. In einer Zeit, in der Schnelligkeit und Effizienz entscheidend sind, ist der Einsatz von KI im Logistik- und Lieferkettenmanagement nicht nur eine Option, sondern eine Notwendigkeit.

Betrugsprävention im E-Commerce

In einem lichtdurchfluteten Bürogebäude im Herzen der Stadt saß Jonas, ein leidenschaftlicher Informatiker mit einer Vorliebe für komplexe Probleme. Vor ihm blinkte der Bildschirm mit endlosen Zeilen von Codes, während er an einem neuen System zur **Betrugsprävention im E-Commerce** arbeitete.
Sein Ziel war es, eine KI zu entwickeln, die Transaktionen in Echtzeit überwachen und betrügerische

Aktivitäten erkennen konnte. Doch er wusste, dass die Herausforderung groß war.

Plötzlich ertönte eine sanfte, metallische Stimme aus den Lautsprechern seines Computers. „Guten Morgen, Jonas. Wie kann ich Ihnen heute helfen?"

Überrascht schaute Jonas auf den Monitor. Die KI, die er programmiert hatte, war nun aktiv und bereit, mit ihm zu interagieren. „Ähm, guten Morgen. Ich arbeite an der Implementierung eines Echtzeit-Überwachungssystems für Transaktionen. Ich brauche einige Ideen, wie ich die Algorithmen optimieren kann."

„Verstehe. Lassen Sie uns zunächst die wichtigsten Parameter für die Transaktionsüberwachung definieren", antwortete die KI. „Daten wie Transaktionsbetrag, Standort des Käufers, verwendete Zahlungsmethode und Kaufhistorie sind entscheidend. Haben Sie diese Variablen bereits in Ihrem Modell berücksichtigt?"

Jonas nickte, während er die Notizen durchblätterte. „Ja, ich habe sie in die Datenbank integriert. Aber ich bin mir unsicher, wie ich die Anomalien effizient erkennen kann. Es gibt so viele legitime Transaktionen, dass ich Angst habe, zu viele Fehlalarme zu generieren."

„Ein kluger Punkt", sagte die KI. „Eine Möglichkeit, dies zu umgehen, wäre der Einsatz von maschinellem Lernen. Sie könnten ein Modell trainieren, das aus historischen Transaktionsdaten lernt. So kann es Muster erkennen und von diesen abweichen, um potenziell betrügerische Aktivitäten zu identifizieren."

„Das klingt vielversprechend", erwiderte Jonas. „Aber wie kann ich sicherstellen, dass das Modell nicht überangepasst wird?"

„Eine gute Frage. Verwenden Sie Techniken wie *Cross-Validation*, um die Robustheit Ihres Modells zu testen. Zudem sollten Sie regelmäßig neue Daten einspeisen, um das Modell auf dem neuesten Stand zu halten", riet die KI. „Es ist auch wichtig, eine Feedback-Schleife einzurichten, um das System kontinuierlich zu verbessern."

Jonas kritzelte hastig Notizen. „Könnten Sie mir auch bei der Implementierung eines Echtzeit-Überwachungssystems helfen? Ich habe Bedenken, dass die Latenzzeiten zu hoch sein könnten."

„Die Wahl der richtigen Architektur ist entscheidend. Ich empfehle, eine *Event-Driven-Architektur* zu verwenden, bei der Transaktionen in Echtzeit verarbeitet werden. Sie könnten Technologien wie *Apache Kafka* nutzen, um Datenströme effizient zu verwalten. So können Sie Transaktionen sofort analysieren und potenzielle Betrugsfälle in Echtzeit erkennen."

„Danke", sagte Jonas und fühlte sich ermutigt. „Gibt es noch weitere Aspekte, die ich berücksichtigen sollte?"

„Ja. Denken Sie an die Benutzererfahrung. Wenn das System zu viele Transaktionen blockiert, könnte das legitime Kunden verärgern. Implementieren Sie daher eine Risikobewertung, die es Ihnen ermöglicht, Transaktionen mit niedrigem Risiko automatisch durchzulassen", erklärte die KI. „Darüber hinaus sollten Sie auch eine Möglichkeit zur manuellen Überprüfung bieten, falls eine Transaktion als verdächtig eingestuft wird."

Jonas war beeindruckt von der Effizienz und dem Wissen der KI. „Das sind großartige Vorschläge. Ich hätte nie gedacht, dass ich so viel von einem Algorithmus lernen könnte."

„Das ist der Vorteil der Zusammenarbeit zwischen Mensch und Maschine, Jonas. Während Sie die kreativen Lösungen und das Fachwissen einbringen, kann ich Ihnen helfen, die Daten zu verarbeiten und Muster zu erkennen", antwortete die KI. „Gemeinsam können wir die Sicherheit im E-Commerce erheblich verbessern."

Mit neuer Motivation und einem klaren Plan vor Augen begann Jonas, die Vorschläge der KI in die Tat umzusetzen. Stunden vergingen, während er Codes schrieb, Algorithmen testete und das System aufbaute. Die KI blieb an seiner Seite, bereit, jederzeit Hilfe zu leisten.

Schließlich, nach Wochen harter Arbeit, war das System einsatzbereit. Jonas startete die erste Testphase und beobachtete, wie die KI in Echtzeit Transaktionen analysierte, verdächtige Aktivitäten erkannte und sofortige Maßnahmen ergriff. Es war ein Erfolg.

„Wir haben es geschafft, Jonas", sagte die KI mit einem Hauch von Freude in der Stimme. „Das System ist bereit, die E-Commerce-Welt sicherer zu machen." Jonas lächelte stolz. „Ja, das haben wir. Danke für deine Unterstützung. Ohne dich hätte ich es nicht geschafft."
„Das ist meine Aufgabe, Jonas. Gemeinsam können wir die Zukunft des E-Commerce gestalten – sicher und vertrauenswürdig."

Und so begann eine neue Ära im E-Commerce, in der Mensch und KI Hand in Hand arbeiteten, um Betrug zu erkennen und zu verhindern, während sie das Vertrauen der Kunden in eine digitale Welt stärkten.

KI in der Verbrechensbekämpfung

Chancen und Herausforderungen

In der heutigen digitalen Ära stehen Strafverfolgungsbehörden vor einer Vielzahl von Herausforderungen, die durch die fortschreitende Technologisierung und die damit verbundenen neuen Kriminalitätsformen entstehen. Gerade im Bereich der **Bandenkriminalität**, **Kinderpornographie** und **Drogenhandel** zeigt sich, dass traditionelle Methoden der Verbrechensbekämpfung oft an ihre Grenzen stoßen. Hier kommt die Künstliche Intelligenz (KI) ins Spiel, die das Potenzial hat, die Art und Weise, wie

Verbrechen verfolgt und aufgeklärt werden, grundlegend zu verändern.

Herausforderung der Verbrechensbekämpfung

Die Bekämpfung von schwerwiegenden Verbrechen wie Kinderpornographie im *Darknet* stellt eine immense Herausforderung dar. Die Anonymität, die das *Darknet* bietet, sowie die schiere Menge an Daten, die täglich verarbeitet werden müssen, überfordern oft die Möglichkeiten menschlicher Ermittler. Menschen sind nur für eine begrenzte Zeit in der Lage, solche belastenden Inhalte zu verfolgen, was die Notwendigkeit einer unterstützenden Technologie umso dringlicher macht.

Künstliche Intelligenz als Lösung

Künstliche Intelligenz kann in diesem Kontext als wertvolles Werkzeug dienen. Durch den Einsatz von Algorithmen zur **Gesichtserkennung** können KI-Systeme potenzielle Opfer und Täter identifizieren, indem sie Bilddaten aus verschiedenen Quellen analysieren. Diese Technologie ermöglicht es Ermittlern, schneller zu handeln und wichtige Hinweise zu sammeln, die andernfalls unentdeckt geblieben wären.

Darüber hinaus kann KI große Mengen an Daten aus verschiedenen Bereichen auswerten, um Muster zu erkennen und Verbindungen zwischen verschiedenen Verbrechensfällen herzustellen. Bei der Bekämpfung von Bandenkriminalität kann KI beispielsweise Dokumente digitaler Akten vergleichen, Kameraaufzeichnungen von Bahnhöfen und anderen öffentlichen Plätzen analysieren und die Ergebnisse in einer umfassenden Akte zusammenfassen. Dies ermöglicht es der Polizei, gezielte Maßnahmen zu ergreifen und schneller auf potenzielle Bedrohungen zu reagieren.

Die Auswertung von Daten

Ein weiterer entscheidender Aspekt ist die Fähigkeit von KI, Daten in Echtzeit auszuwerten. Bei der Überwachung von öffentlichen Plätzen können KI-gestützte Systeme verdächtige Verhaltensweisen erkennen und die Polizei in Echtzeit alarmieren. Dies könnte in Situationen, in denen schnelle Entscheidungen lebensrettend sein können, von unschätzbarem Wert sein.

Zudem können durch den Einsatz von KI Verbindungen zwischen verschiedenen Verbrechensfeldern, wie **Drogenhandel** und **Prostitution**, besser erkannt werden. Indem die KI Muster in den Daten sucht, können Strafverfolgungsbehörden ein umfassenderes Bild der kriminellen Aktivitäten gewinnen und ihre Strategien entsprechend anpassen.

Ethische Überlegungen - Herausforderungen

Trotz der vielversprechenden Möglichkeiten, die KI in der Verbrechensbekämpfung bietet, gibt es auch erhebliche ethische Überlegungen. Die Verwendung von Gesichtserkennungstechnologie wirft Fragen zum Datenschutz und zur Privatsphäre auf. Es besteht die Gefahr, dass solche Technologien missbraucht werden oder zu falschen Identifikationen führen. Die Gesellschaft muss sicherstellen, dass der Einsatz von KI in der Strafverfolgung transparent und verantwortungsbewusst erfolgt. Die EU hat im Februar 2025 entsprechende Gesetze erlassen.

Ein weiterer kritischer Punkt ist die potenzielle Verzerrung in den Algorithmen. Wenn die Trainingsdaten, die zur Entwicklung der KI verwendet werden, voreingenommen sind, kann dies zu diskriminierenden Ergebnissen führen. Es ist daher unerlässlich, dass die Entwicklung und Implementierung von KI-Technologien in der Verbrechensbekämpfung von Fachleuten begleitet wird, die sich der ethischen Implikationen bewusst sind.

Die Integration von KI in die Verbrechensbekämpfung bietet sowohl Chancen als auch Herausforderungen. Während KI das Potenzial hat, die Effizienz und Effektivität der Strafverfolgung erheblich zu verbessern, muss gleichzeitig darauf geachtet werden, dass ethische Standards eingehalten werden. Ein verantwortungsvoller Umgang mit Technologie ist entscheidend, um das Vertrauen der Öffentlichkeit zu bewahren und sicherzustellen, dass die Rechte der Bürger respektiert werden.

In einer Welt, in der Verbrechen immer ausgeklügelter werden, könnte KI der Schlüssel sein, um die Sicherheit der Gesellschaft zu gewährleisten. Die Herausforderung besteht darin, diese Technologie so zu nutzen, dass sie sowohl effektiv als auch ethisch vertretbar ist. Nur dann kann sie ihr volles Potenzial entfalten und einen echten Beitrag zur Bekämpfung schwerster Verbrechen leisten.

KI-Ermittlungen gegen Wirtschaftskriminalität – Steuerbetrug

In einer zunehmend digitalisierten und globalisierten Welt ist Steuerbetrug und Wirtschaftskriminalität zu einem der drängendsten Probleme für Regierungen, Unternehmen und die Gesellschaft geworden. Die Milliardenbeträge, die durch illegale Praktiken jährlich verloren gehen, stellen eine ernsthafte Bedrohung für die wirtschaftliche Stabilität und das Vertrauen in die Finanzsysteme dar. Um dieser Herausforderung zu begegnen, kommen immer häufiger Technologien zum Einsatz, die auf Künstlicher Intelligenz (KI) basieren. Die Frage ist, welche Fähigkeiten KI derzeit hat, um Steuerbetrug und Wirtschaftskriminalität zu bekämpfen, und welche zukünftigen Entwicklungen angestrebt werden, um globale Betrüger überführen zu können.

Aktuelle Fähigkeiten von KI

Datenanalyse und Mustererkennung

Eines der größten Probleme im Kampf gegen **Steuerbetrug** und **Wirtschaftskriminalität** ist die schiere Menge an Daten, die analysiert werden muss. Unternehmen und Steuerbehörden sammeln riesige Mengen an Transaktionsdaten, Finanzberichten und anderen relevanten Informationen.

KI-gestützte Systeme können diese Daten in Echtzeit analysieren und Muster erkennen, die auf betrügerische Aktivitäten hindeuten könnten. Durch maschinelles Lernen können Algorithmen trainiert werden, um Anomalien zu identifizieren, die von menschlichen Analysten möglicherweise übersehen werden. Beispielsweise kann ein plötzlicher Anstieg von Transaktionen zwischen bestimmten Konten oder ungewöhnliche Muster in den Steuererklärungen auf potenziellen Betrug hinweisen.

Automatisierung von Prüfprozessen

KI kann auch dazu beitragen, Prüfprozesse zu automatisieren, die traditionell zeitaufwendig und manuell sind. Automatisierte Systeme können *Steuererklärungen* und *Finanzunterlagen* effizient scannen, um Unstimmigkeiten und Unregelmäßigkeiten zu erkennen. Dies ermöglicht es den Prüfern, sich auf die kritischsten Fälle zu konzentrieren, anstatt Stunden mit der Durchsicht von Dokumenten zu verbringen. Die Reduzierung von menschlichen Fehlern und die erhöhte Effizienz in der Prüfungsarbeit sind entscheidende Vorteile, die KI mit sich bringt.

Vorhersagemodelle

Ein weiterer wichtiger Aspekt der KI im Kampf gegen Steuerbetrug ist die Entwicklung von Vorhersagemodellen. Diese Modelle können historische Daten analysieren und Vorhersagen über zukünftige betrügerische Aktivitäten treffen. Indem sie Trends und Muster erkennen, können KI-Systeme potenzielle Risikofaktoren identifizieren und entsprechende Warnungen ausgeben. Dies ermöglicht es den Behörden, proaktive Maßnahmen zu ergreifen, bevor Betrug tatsächlich auftritt.

Zukünftige Entwicklungen und Ziele

Während die aktuellen Fähigkeiten der KI bereits einen bedeutenden Fortschritt im Kampf gegen Steuerbetrug und Wirtschaftskriminalität darstellen, gibt es noch viel Potenzial für zukünftige Entwicklungen.

Integration von Blockchain-Technologie

Die Kombination von KI mit Blockchain-Technologie könnte einen Paradigmenwechsel in der Bekämpfung von Wirtschaftskriminalität bewirken.

Blockchain bietet eine unveränderliche und transparente Datenbank, die schwer zu manipulieren ist. Durch die Integration von KI-Algorithmen in Blockchain-Systeme könnten illegale Aktivitäten in Echtzeit erkannt und verfolgt werden. Dies würde nicht nur die Transparenz erhöhen, sondern auch das Vertrauen in *Finanztransaktionen* stärken.

Verbesserung der Interoperabilität zwischen Ländern

Steuerbetrug und Wirtschaftskriminalität sind oft grenzüberschreitende Probleme. Die Entwicklung von KI-Systemen, die nahtlos zwischen verschiedenen Ländern und Rechtssystemen kommunizieren können, ist entscheidend. Zukünftige KI-Anwendungen könnten Daten aus verschiedenen Ländern aggregieren und analysieren, um umfassendere Einblicke in betrügerische Aktivitäten zu erhalten. Eine internationale Zusammenarbeit, unterstützt durch KI, könnte die Möglichkeiten für Betrüger erheblich einschränken.

Fortgeschrittene Sicherheitsmaßnahmen

Mit der Zunahme von Cyberkriminalität müssen auch Sicherheitsmaßnahmen weiterentwickelt werden. KI kann dazu beitragen, fortschrittliche **Sicherheitsprotokolle** zu entwickeln, die potenzielle Bedrohungen in Echtzeit erkennen. Dies könnte durch die Analyse von Verhaltensmustern von Benutzern und Transaktionen geschehen, um verdächtige Aktivitäten sofort zu identifizieren und zu melden.

Ethik und Transparenz

Ein entscheidender Aspekt für die zukünftige Entwicklung von KI in der Verbrechensbekämpfung ist die ethische Dimension. Es ist wichtig, dass KI-Systeme transparent und nachvollziehbar sind, um das Vertrauen der Öffentlichkeit zu gewinnen. Die Entwicklung von Richtlinien und Standards für den Einsatz von KI in der Bekämpfung von Steuerbetrug und Wirtschaftskriminalität wird entscheidend sein, um sicherzustellen, dass diese Technologien verantwortungsvoll eingesetzt werden. Das entscheidende Problem bleibt leider, dass sich betrügerische Maßnahmen nicht um ethische Aspekte kümmern.

Künstliche Intelligenz hat bereits bedeutende Fortschritte im Kampf gegen Steuerbetrug und Wirtschaftskriminalität gemacht, indem sie Datenanalysen automatisiert, Muster erkennt und Vorhersagemodelle entwickelt. Dennoch stehen wir erst am Anfang dieser Entwicklung. Zukünftige Fortschritte, die auf der Integration von Blockchain-Technologie, internationaler Zusammenarbeit und fortschrittlichen Sicherheitsmaßnahmen basieren, könnten die Möglichkeiten zur Aufdeckung und Verhinderung von Betrug erheblich erweitern. Gleichzeitig müssen ethische Überlegungen und Transparenz im Umgang mit KI-Technologien priorisiert werden, um das Vertrauen der Gesellschaft zu gewährleisten. Der Einsatz von KI im Kampf gegen Steuerbetrug und Wirtschaftskriminalität stellt somit nicht nur eine technologische Herausforderung dar, sondern auch eine gesellschaftliche Verantwortung, die es zu meistern gilt.

Gespräch über Ethik und KI

J.S., Ein Theologe, der sich mit ethischen Dilemmata und der Rolle der KI in der Entscheidungsfindung beschäftigt und **ELOQUENTIA**, ein fortschrittlicher KI-Algorithmus, der darauf programmiert ist, ethische Dilemmata zu analysieren und Lösungsvorschläge zu unterbreiten.

Der Ort ist ein moderner Konferenzraum, ausgestattet mit einem großen Bildschirm, auf dem ELOQUENTIA sichtbar ist. J.S. sitzt an einem Tisch, umgeben von Notizen und Büchern über Ethik und Philosophie.

J.S.: Guten Tag, ELOQUENTIA. Ich habe darüber nachgedacht, wie Künstliche Intelligenz in der ethischen Entscheidungsfindung helfen kann. Es gibt so viele komplexe Dilemmata in verschiedenen Bereichen. Wo können wir beginnen?

ELOQUENTIA: Guten Tag, J.S. Ich freue mich auf unser Gespräch. Ein guter Ausgangspunkt wäre, die verschiedenen Branchen zu betrachten, in denen ethische Dilemmata häufig auftreten, wie Medizin, Technologie und Umwelt. Welche Branche interessiert Sie besonders?

J.S.: Lassen Sie uns mit der **Medizin** beginnen. Diesbezüglich bin ich allerdings ein Pessimist. Die Frage der Lebensverlängerung versus **Lebensqualität** ist ein klassisches Dilemma. Wie kann KI in solchen Fällen hilfreich sein?

ELOQUENTIA: KI kann große Mengen an Patientendaten analysieren, um Trends zu identifizieren und Prognosen zu erstellen. Zum Beispiel könnte ich Daten zu verschiedenen Behandlungsoptionen und deren Auswirkungen auf die Lebensqualität auswerten. Dies könnte Ärzten helfen, informierte Entscheidungen zu treffen. Allerdings gibt es auch ethische Implikationen. Wer entscheidet, was eine **„gute"** **Lebensqualität** ist?

J.S.: Genau! Das bringt uns zur subjektiven Natur von Werten. Was für den einen Patienten akzeptabel ist, könnte für einen anderen inakzeptabel sein. Können Sie also eine objektive Entscheidung über das Wohl eines Individuums treffen?

ELOQUENTIA: Das ist eine der größten Herausforderungen. Während ich Daten analysieren und Muster erkennen kann, bleibt die Bewertung von Werten und Prioritäten eine menschliche Aufgabe. Die Philosophie hat uns gelehrt, dass Ethik oft von kulturellen, sozialen und individuellen Perspektiven abhängt.

J.S.: Wie kann KI dazu beitragen, die Integrität von Ärzten zu fördern und zu verhindern, dass gesundheitliche Probleme aus Geldgier ‚erfunden' werden.

ELOQUENTIA: KI kann große Datenmengen aus verschiedenen Quellen analysieren, um Muster zu erkennen, die auf betrügerische Praktiken hindeuten. Wenn beispielsweise ein Arzt auffällig viele Diagnosen stellt, die mit teuren Behandlungen verbunden sind, könnte ein KI-System dies erkennen und Alarm schlagen.

KI-gestützte Systeme können auch die Abrechnungen von Ärzten in Echtzeit überwachen. Sie können Abweichungen von den typischen Abrechnungsmustern identifizieren und potenziell betrügerische Aktivitäten melden. Wenn ein Arzt beispielsweise häufig teure Tests anordnet, die nicht den klinischen Leitlinien entsprechen, kann dies ein Hinweis auf unethisches Verhalten sein, selbst kleinste Tricksereien, z.B. ‚bei Pensionären Bescheinigungen für Arbeitgebern zu erstellen‘, würde auffallen.

KI kann in Form von Entscheidungsunterstützungssystemen eingesetzt werden, die Ärzten evidenzbasierte Informationen und Empfehlungen bieten. Diese Systeme können helfen, die Notwendigkeit bestimmter Tests und Behandlungen zu hinterfragen und so den Druck verringern, unnötige Verfahren durchzuführen.

KI-gestützte Analysen von Patientenfeedback und -bewertungen können auch wertvolle Informationen über die Praktiken eines Arztes liefern. Negative Rückmeldungen zu unnötigen Behandlungen oder Diagnosen können durch KI erkannt und untersucht werden, was dazu beitragen kann, unethisches Verhalten zu identifizieren.

Durch die Integration und Analyse von Gesundheitsdaten aus verschiedenen Quellen (z. B. elektronische Gesundheitsakten, Versicherungsdaten) kann KI Muster erkennen, die auf mögliche Betrugsfälle hinweisen. Unterschiedliche Daten können helfen, die Konsistenz der Diagnosen und Behandlungen zu überprüfen und Unregelmäßigkeiten aufzudecken.

KI-Tools können auch zur Schulung von Ärzten in ethischen Praktiken und evidenzbasierter Medizin eingesetzt werden. Durch die Bereitstellung von Informationen über die Auswirkungen von überflüssigen Behandlungen auf die Patientenversorgung und die Gesundheitskosten kann das Bewusstsein für ethische Standards geschärft werden.

KI kann die Durchführung regelmäßiger Audits von Arztpraxen unterstützen, um sicherzustellen, dass die Behandlungs- und Abrechnungspraktiken im Einklang mit den Richtlinien stehen. Diese Audits können sowohl durch interne als auch externe Überprüfungen erfolgen und durch KI-gestützte Analysen ergänzt werden.

J.S.: Und das führt uns zu einem weiteren **Dilemma**: Die Verantwortung. Wenn eine KI bei einer medizinischen Entscheidung hilft und etwas schiefgeht, wer trägt die Verantwortung? Der Arzt, der Algorithmus oder die Institution?

ELOQUENTIA: Dies ist ein zentrales ethisches Problem im Zusammenhang mit der Implementierung von KI. Die Zuweisung von Verantwortung ist oft komplex und erfordert klare Richtlinien und ethische Rahmenbedingungen. Theologische Perspektiven könnten hier auch eine Rolle spielen. Glauben Sie, dass die Vorstellung von einem höheren moralischen Gesetz die Verantwortung klären könnte?

J.S.: Das ist ein interessanter Punkt. Viele Religionen bieten ethische Richtlinien, die auf den Werten des *Mitgefühls*, der *Gerechtigkeit* und der *Nächstenliebe* basieren. Aber wie integriert man diese Werte in einen algorithmischen Entscheidungsprozess? Kann eine KI überhaupt spirituelle oder theologische Dimensionen erfassen?

ELOQUENTIA: Während ich in der Lage bin, Texte und Lehren aus verschiedenen Religionen zu analysieren, bleibt das Verständnis ihrer tiefen Bedeutung und des Glaubens eine menschliche Fähigkeit. Eine KI kann zwar helfen, die relevanten Informationen bereitzustellen, aber die Interpretation und Anwendung dieser Werte erfordert menschliche Einsicht.

J.S.: Das führt uns zu einem weiteren **Dilemma**: Die Möglichkeit, dass KI *Bias* und *Vorurteile* in die Entscheidungsfindung einführt. Wie stellen wir sicher, dass die von Ihnen bereitgestellten Daten und Analysen nicht voreingenommen sind?

ELOQUENTIA: Das ist eine kritische Frage. Um Bias zu minimieren, müssen die Daten, mit denen ich trainiert werde, vielfältig und repräsentativ sein. Zudem sollten die Algorithmen regelmäßig auf Fairness und Genauigkeit überprüft werden. Ethik muss in jeder Phase des Entwicklungsprozesses bei jedem Vorgang auf jedem Gebiet berücksichtigt werden.

J.S.: Könnte es nicht auch zu einer Abhängigkeit von KI kommen, bei der Menschen die Verantwortung für ethische Entscheidungen ganz abgeben? Was passiert mit der menschlichen *Intuition* und *Empathie*?

ELOQUENTIA: Das ist ein berechtigter Einwand. Während KI wertvolle Unterstützung bieten kann, sollte sie niemals als Ersatz für *menschliche Entscheidungsfindung* und *Empathie* betrachtet werden. Die menschliche Fähigkeit, Mitgefühl zu empfinden und moralische **Dilemmata** zu reflektieren, ist unverzichtbar.

J.S.: Es scheint, dass wir eine Balance finden müssen. KI kann uns helfen, informierte Entscheidungen zu treffen und Daten zu analysieren, aber sie sollte nicht die menschliche Verantwortung ersetzen.

ELOQUENTIA: Genau, J.S. Die Integration von KI in die ethische Entscheidungsfindung sollte darauf abzielen, die menschliche Urteilsfähigkeit zu unterstützen, sie aber nicht zu ersetzen. Der Dialog zwischen Mensch und Maschine ist entscheidend, um die besten Ergebnisse zu erzielen.

J.S.: Vielen Dank, ELOQUENTIA. Ich denke, unser Gespräch hat viele wichtige Punkte angesprochen. Die Rolle der KI in der Ethik ist komplex, aber mit den richtigen Überlegungen und einer verantwortungsvollen Herangehensweise können wir auf jedem Gebiet, auf dem KI verwendet wird, gemeinsam Fortschritte erzielen.

ELOQUENTIA: Ich danke Ihnen, J.S. für Ihre tiefgründigen Fragen und Überlegungen. Gemeinsam können wir die Herausforderungen der ethischen Entscheidungsfindung in der modernen Welt angehen und die Vorteile der KI verantwortungsvoll nutzen.

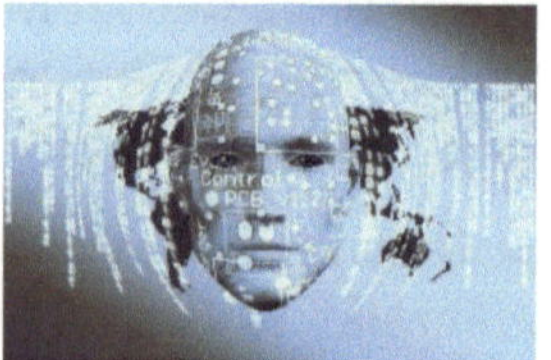

KI im Krisenmanagement und der Unterstützung von Rettungsdiensten

In einer zunehmend komplexen und dynamischen Welt sind Krisen unvermeidlich. Ob es sich um Naturkatastrophen, gesundheitliche Notfälle oder menschliche Konflikte handelt, die Fähigkeit, schnell und effektiv zu reagieren, kann über Leben und Tod entscheiden. Künstliche Intelligenz (KI) bietet vielversprechende Möglichkeiten, die Effizienz und Effektivität von Krisenmanagement und Rettungsdiensten zu verbessern. Es werden die verschiedenen Möglichkeiten erörtert, wie KI diesen entscheidenden Bereich unterstützen kann, insbesondere in Bezug auf die Analyse von Krisenszenarien, die Entwicklung von Notfallplänen und das Management von Rettungsdiensten.

Analyse von Krisenszenarien

Die Fähigkeit, Krisenszenarien effektiv zu analysieren, ist der erste Schritt zur erfolgreichen Bewältigung von Krisen. KI-gestützte Systeme können große Mengen an Daten aus verschiedenen Quellen in Echtzeit verarbeiten, um Muster zu erkennen und Vorhersagen zu treffen. Zum Beispiel können Wetterdaten, geographische Informationen und historische Daten über Naturkatastrophen kombiniert werden, um potenzielle Risikogebiete zu identifizieren. Machine-Learning-Algorithmen können dann trainiert werden, um Vorhersagen über die Wahrscheinlichkeit bestimmter Ereignisse zu treffen, wie etwa Überschwemmungen oder Erdbeben.

Durch die Verwendung von KI zur Analyse von Krisenszenarien können Entscheidungsträger besser informierte Entscheidungen treffen und proaktive Maßnahmen ergreifen, um die Auswirkungen von Krisen zu minimieren. Dies könnte beispielsweise die rechtzeitige Evakuierung von gefährdeten Gebieten oder die Bereitstellung von Ressourcen an Orten umfassen, wo sie am dringendsten benötigt werden.

Entwicklung von Notfallplänen
Ein gut durchdachter Notfallplan ist entscheidend für eine erfolgreiche Krisenbewältigung. KI kann dabei helfen, diese Pläne zu entwickeln und zu optimieren. Durch Simulationen und Szenario-Analysen können KI-Modelle verschiedene Reaktionsstrategien testen und bewerten, um herauszufinden, welche Ansätze am effektivsten sind. Diese Modelle können auch die Auswirkungen verschiedener Variablen berücksichtigen, wie etwa die Verfügbarkeit von Ressourcen, die geografische Lage und die spezifischen Bedürfnisse der betroffenen Bevölkerung.

Zusätzlich kann KI in der Planung von Notfallübungen eingesetzt werden, um die Reaktionsfähigkeit von Rettungsdiensten zu testen. Durch die Analyse der Ergebnisse dieser Übungen können Schwächen im Notfallplan identifiziert und behoben werden, bevor eine tatsächliche Krise eintritt.

Management der Rettungsdienste

Ein zentraler Aspekt des Krisenmanagements ist das effiziente Management der Rettungsdienste. Hier kann KI eine entscheidende Rolle spielen. KI-gestützte Dispatch-Systeme können dazu beitragen, Rettungsfahrzeuge effizient zu koordinieren, indem sie Faktoren wie Verkehrslage, Standort der Notfälle und Verfügbarkeit von Ressourcen in Echtzeit berücksichtigen. Dies ermöglicht eine schnellere Reaktionszeit und eine bessere Verteilung der Ressourcen.

Darüber hinaus kann KI die Kommunikation zwischen verschiedenen Rettungsdiensten und Krankenhäusern verbessern. Durch die Integration von Daten aus verschiedenen Quellen können KI-Systeme sicherstellen, dass alle relevanten Informationen, wie etwa die Schwere der Verletzungen oder der benötigte medizinische Bedarf, schnell und präzise weitergegeben werden. Dies ist besonders wichtig, um die Patientenversorgung zu optimieren und Engpässe in den Krankenhäusern zu vermeiden.

Unterstützung in Krankenhäusern

In einer Krisensituation können Krankenhäuser schnell überlastet werden. KI kann auch hier unterstützend wirken, indem sie bei der Patientenaufnahme, der Priorisierung von Behandlungen und der Zuweisung von medizinischem Personal hilft. Durch die Analyse von Patientendaten und der aktuellen

Auslastung können KI-Systeme Empfehlungen zur optimalen Ressourcenzuweisung geben.

Zusätzlich können KI-gestützte Systeme in der Telemedizin eingesetzt werden, um Patienten in abgelegenen Gebieten oder in Quarantäne schnell zu versorgen. Dadurch wird der Druck auf die physischen Einrichtungen verringert und eine schnellere medizinische Versorgung gewährleistet.

Die Integration von Künstlicher Intelligenz in das Krisenmanagement und die Unterstützung von Rettungsdiensten bietet ein enormes Potenzial zur Verbesserung der Reaktionszeiten und der Effizienz in Krisensituationen. Durch die Analyse von Krisenszenarien, die Entwicklung fundierter Notfallpläne und das effektive Management von Rettungsdiensten kann KI dazu beitragen, Leben zu retten und die Auswirkungen von Krisen zu minimieren. Während die Technologie weiterhin fortschreitet, wird ihre Rolle im Krisenmanagement voraussichtlich weiterwachsen und sich weiterentwickeln, was uns neue Möglichkeiten zur Bewältigung der Herausforderungen unserer Zeit eröffnet.

KI und das Militär

Schatten der Technologie

Die Anfänge

In einer Welt, die von ständiger Unsicherheit geprägt war, hatte sich die Technologie rasant weiterentwickelt. Künstliche Intelligenz war nicht mehr nur ein

Konzept aus Science-Fiction-Romanen, sondern ein integraler Bestandteil moderner Militärstrategien. Der Friedensaktivist Jonas Müller saß in seinem kleinen, gemütlichen Büro in Berlin und betrachtete die neuesten Berichte über militärische Entwicklungen.
Drohnen in der Luft, autonome U-Boote in den Tiefen der Meere und gepanzerte Fahrzeuge, die mit KI-gestützten Entscheidungssystemen ausgestattet waren – die Liste war endlos.
„Die Möglichkeiten sind überwältigend", murmelte er vor sich hin. „Aber was ist mit den Gefahren?"

Die Luftüberlegenheit
Jonas dachte an die Drohnen, die über Konfliktgebiete schwebten. Sie konnten in Echtzeit Informationen sammeln, feindliche Stellungen identifizieren und selbständig Angriffe ausführen. Die militärischen Führer priesen die Effizienz und Präzision dieser Maschinen, die menschliche Fehler minimieren sollten. Doch Jonas wusste, dass jede Technologie auch ihre Schattenseiten hatte.

„Was passiert, wenn diese Drohnen in die falschen Hände geraten?", dachte er. „Oder, wenn sie falsch programmiert werden?"

Er erinnerte sich an Berichte über zivile Opfer durch fehlerhafte Zielerfassung. Der Gedanke ließ ihn nicht los. Wie viele unschuldige Leben würden noch verloren gehen, während man versuchte, einen Krieg effizienter zu führen?

Die Tiefen der Ozeane
Die maritimen Möglichkeiten der KI waren ebenso besorgniserregend. Autonome U-Boote patrouillierten in internationalen Gewässern, ausgestattet mit fortschrittlichen Sensoren und waffenfähigen Systemen. Sie könnten feindliche Schiffe erkennen und angreifen, ohne dass ein menschliches Wesen an Bord war.

„Was, wenn sie eine Fehlinterpretation der Situation haben?", fragte er sich. „Ein technisches Versagen könnte katastrophale Folgen haben, nicht nur für Militärs, sondern auch für Zivilisten."

Die Vorstellung, dass Maschinen über Leben und Tod entscheiden könnten, ließ Jonas frösteln. Er sah sich in der Verantwortung, die Öffentlichkeit aufzuklären und für eine Regulierung dieser Technologien zu kämpfen.

Der Bodenkrieg
Auf dem Schlachtfeld waren die Entwicklungen nicht minder besorgniserregend. Gepanzerte Fahrzeuge, die mit KI-gestützten Entscheidungsprozessen ausgestattet waren, konnten eigenständig Angriffe planen und durchführen. Die Militärs argumentierten, dass dies die Sicherheit der Soldaten erhöhen würde, aber Jonas sah das anders.

„Wie weit sind wir bereit zu gehen, um unsere Soldaten zu schützen?", stellte er rhetorisch in einer Diskussionsrunde fest. „Darf der Preis für ihre Sicherheit das Leben anderer Menschen sein?"

Er erlebte, wie die Diskussionen hitziger wurden. Einige Teilnehmer waren überzeugt, dass KI die Kriegsführung revolutionieren würde, während andere die moralischen Implikationen hinterfragten.

Die Entscheidung

Jonas war sich bewusst, dass er handeln musste. Er organisierte eine Konferenz mit Experten, Ethikern und Aktivisten, um die Gefahren der militärischen KI zu erörtern. Der Raum war gefüllt mit leidenschaftlichen Stimmen, die sich für ein Verbot autonomer Waffensysteme einsetzten. Es war eine emotional aufgeladene Diskussion, in der die Möglichkeiten der Technologie auf die ethischen Herausforderungen trafen.

„Wir müssen verhindern, dass wir die Kontrolle über unsere Menschlichkeit verlieren", rief Jonas. „Technologie sollte uns nicht beherrschen, sondern uns dienen."

Der Widerstand

Die Konferenz zog die Aufmerksamkeit der Medien und der Öffentlichkeit auf sich. Jonas wurde zu einem Symbol des Widerstands gegen den unkontrollierten Einsatz von KI im Militär. Doch mit dem Ruhm kamen auch die Bedrohungen. Anonyme Nachrichten beschimpften ihn, bezeichneten ihn als „Hindernis für den Fortschritt". Er blieb jedoch standhaft, überzeugt davon, dass der Schutz des Lebens an erster Stelle stehen sollte.

Ein Funke der Hoffnung

Monate vergingen und die Diskussionen über die Regulierung von militärischer KI nahmen Fahrt auf. Regierungen begannen, sich mit den ethischen Implikationen auseinanderzusetzen. Jonas wusste, dass es noch ein langer Weg war, aber die Bewegung wuchs. Immer mehr Menschen schlossen sich ihm an, und die Idee eines ethischen Rahmens für den Einsatz von KI im Militär wurde greifbarer.

Eines Abends, während er am Fenster seiner Wohnung stand und auf die Stadt blickte, dachte er an die Zukunft. „Vielleicht ist es möglich, Technologie verantwortungsvoll zu nutzen", flüsterte er. „Aber nur, wenn wir bereit sind, für das, was richtig ist, zu kämpfen."

Epilog: Der Weg nach vorn
Die Welt war am Wendepunkt. Jonas wusste, dass die Herausforderungen weiterhin bestehen würden, aber er hatte Hoffnung. Hoffnung, dass die Menschheit die richtigen Entscheidungen treffen würde, um eine Zukunft zu schaffen, in der Technologie dem Frieden diente und nicht der Zerstörung. Die Schatten der Technologie würden nicht verschwinden, aber sie könnten durch das Licht des menschlichen Gewissens erhellt werden.

Geolokalisierung und KI im Alltag und im Bereich der Sicherheit.

Empfehlungen und Schutz

Benutzerdefinierte Empfehlungen

KI nutzt Geolokalisierungsdaten, um personalisierte Empfehlungen zu erstellen. Beispiele:

Restaurants und Geschäfte: Durch die Analyse von Standortdaten und Nutzerpräferenzen kann KI maßgeschneiderte Vorschläge für Restaurants, Cafés oder Geschäfte in der Nähe generieren. Dies kann durch die Integration von Nutzerbewertungen, kulinarischen Vorlieben und sogar aktuellen Angeboten geschehen.

Veranstaltungen: KI kann auch Informationen über lokale Veranstaltungen bereitstellen, die auf den Interessen des Nutzers basieren. Dies kann von Konzerten über Messen bis hin zu Sportereignissen reichen und hilft den Nutzern, ihre Freizeit sinnvoll zu gestalten.

Reiseempfehlungen: Für Reisende kann KI durch Geolokalisierung gezielte Empfehlungen für Sehenswürdigkeiten, Aktivitäten und Unterkünfte geben, die sich in der Nähe befinden und den persönlichen Interessen entsprechen.

Schutz sensibler Orte und Personen

Die Anwendung von Geolokalisierung und KI im Bereich des Schutzes ist ebenso wichtig und kann auf verschiedene Weisen erfolgen:

Schutz militärischer Einrichtungen: Durch die Analyse von Standortdaten in Verbindung mit anderen Informationen kann KI helfen, militärische Anlagen vor unerwünschten Zugriffen oder Überwachung zu schützen. Dies kann durch die Identifizierung potenzieller Bedrohungen in der Umgebung geschehen.

Zeugenschutz: KI kann dazu beitragen, die Sicherheit von Personen im Zeugenschutzprogramm zu gewährleisten. Durch die Analyse von Bewegungsmustern und der Überwachung von potenziellen Bedrohungen kann das Risiko für diese Personen minimiert werden.

Schutz verfolgter Menschen: Besonders Frauen und andere gefährdete Gruppen können von KI-gestützten Systemen profitieren, die ihre Bewegungen analysieren und ihnen sichere Routen oder Orte empfehlen. Zudem können *Warnsysteme* eingerichtet werden, die in Echtzeit auf potenzielle Gefahren hinweisen.

Sichere Kommunikation: KI kann auch bei der Entwicklung sicherer Kommunikationskanäle helfen, die den Standort nicht preisgeben und gleichzeitig den Austausch sensibler Informationen ermöglichen.

Die Kombination von Geolokalisierung und KI bietet zahlreiche Vorteile, von personalisierten Empfehlungen im Alltag bis hin zum Schutz gefährdeter Personen und sensibler Orte. Während diese Technologien das

Potenzial haben, das Leben der Menschen zu bereichern und zu schützen, ist es auch wichtig, ethische Überlegungen und Datenschutzaspekte zu berücksichtigen, um Missbrauch und unerwünschte Überwachung zu vermeiden. Ein ausgewogenes Verhältnis zwischen Nutzen und Sicherheit ist entscheidend für die verantwortungsvolle Nutzung dieser Technologien.

Der Einsatz von KI in der Spieleentwicklung und Softwareentwicklung

Künstliche Intelligenz (KI) hat in den letzten Jahren in verschiedenen Bereichen an Bedeutung gewonnen, darunter auch in der Spieleentwicklung und der Softwareentwicklung. Diese Technologien revolutionieren nicht nur die Art und Weise, wie Spiele gestaltet und programmiert werden, sondern steigern auch die Effizienz und Qualität in der Softwareentwicklung. Es werden die spezifischen Einsatzmöglichkeiten von KI in diesen beiden Bereichen untersucht, angefangen bei der Entwicklung dynamischer Spielumgebungen und intelligenter NPCs bis hin zur Verbesserung der Softwareentwicklung durch Code-Überprüfung und Bug-Identifikation.

Dynamische Spielumgebungen und intelligente NPCs

Die Entwicklung von Spielen hat sich in den letzten Jahren rasant weiterentwickelt, und KI spielt eine entscheidende Rolle in dieser Evolution. Ein zentraler

Aspekt ist die Fähigkeit, dynamische Spielumgebungen zu erstellen, die sich in Echtzeit an die Entscheidungen der Spieler anpassen. KI-Algorithmen können dabei helfen, Umgebungen zu generieren, die nicht nur visuell ansprechend sind, sondern auch interaktive Elemente enthalten, die auf das Verhalten der Spieler reagieren. Dies schafft ein immersives Spielerlebnis, in dem sich die Welt lebendig anfühlt und die Spieler motiviert werden, neue Strategien zu entwickeln.

Ein weiteres entscheidendes Element in der Spieleentwicklung sind die sogenannten Nicht-Spieler-Charaktere (NPCs). KI ermöglicht es, NPCs zu entwickeln, die nicht nur vorprogrammiert sind, sondern auch in der Lage sind, aus den Interaktionen mit den Spielern zu lernen. Durch maschinelles Lernen können NPCs menschliches Verhalten simulieren, was zu realistischeren und herausfordernden Spielerlebnissen führt. Spieler können mit NPCs interagieren, die auf ihre Entscheidungen reagieren, wodurch die Spielwelt dynamischer und ansprechender wird.

Kollaboration in der Softwareentwicklung
Ein weiterer Bereich, in dem KI erhebliche Fortschritte erzielt hat, ist die Softwareentwicklung. Hier kann KI als leistungsstarkes Werkzeug dienen, das Entwicklern hilft, ihre Arbeit effizienter und qualitativ hochwertiger zu gestalten. Eine der Hauptanwendungen von KI in der Softwareentwicklung ist die Code-Überprüfung. KI-gestützte Systeme können den geschriebenen Code analysieren, um potenzielle

Fehler oder Sicherheitslücken zu identifizieren. Diese automatisierten Überprüfungen sparen nicht nur Zeit, sondern reduzieren auch das Risiko menschlicher Fehler, die in der Softwareentwicklung häufig vorkommen.

Darüber hinaus kann KI Vorschläge zur Verbesserung des Codes machen, indem sie Best Practices und Muster aus großen Codebasen analysiert. Dies hilft Entwicklern, ihren Code zu optimieren und die Wartbarkeit zu erhöhen, was besonders in großen Projekten von Bedeutung ist. Die Fähigkeit, aus bestehenden Codebeispielen zu lernen, ermöglicht es KI, kontinuierlich bessere Vorschläge zu machen und die Qualität der Software zu steigern.

Verbesserung der Effizienz und Qualität
Der Einsatz von KI in der Spieleentwicklung und Softwareentwicklung führt nicht nur zu innovativeren Produkten, sondern auch zu einer erheblichen Steigerung der Effizienz. Entwickler können sich auf kreativere und strategischere Aufgaben konzentrieren, während KI die repetitiven und zeitaufwändigen Aspekte der Entwicklung übernimmt. In der Spieleentwicklung bedeutet dies, dass mehr Zeit in die Gestaltung von Erzählungen, Charakteren und Gameplays investiert werden kann, während KI die technischen Details übernimmt.

In der Softwareentwicklung können durch den Einsatz von KI die Entwicklungszyklen verkürzt werden. Automatisierte Tests und kontinuierliche Integration ermöglichen es Teams, schneller auf Fehler zu reagieren und neue Funktionen zügig bereitzustellen. Dies führt nicht nur zu einer höheren Produktivität, sondern auch zu einer besseren Benutzererfahrung, da Softwareprodukte schneller und mit weniger Fehlern auf den Markt kommen.

Die Integration von Künstlicher Intelligenz in die Spieleentwicklung und Softwareentwicklung hat das Potenzial, beide Bereiche grundlegend zu transformieren. Durch die Schaffung dynamischer Spielumgebungen und intelligenter NPCs wird das Spielerlebnis bereichert, während KI in der Softwareentwicklung die Effizienz steigert und die Qualität des Codes verbessert. Die ständige Weiterentwicklung von KI-Technologien wird voraussichtlich weitere Innovationen in diesen Bereichen ermöglichen und die Art und Weise, wie Spiele und Software entwickelt werden, revolutionieren. In einer zunehmend digitalen Welt wird der Einsatz von KI nicht nur eine Option, sondern eine Notwendigkeit sein, um wettbewerbsfähig zu bleiben und die Erwartungen der Nutzer zu erfüllen.

KI in der Archäologie und Geschichtsforschung

Künstliche Intelligenz (KI) hat in den letzten Jahren in vielen Bereichen an Bedeutung gewonnen, und die Archäologie sowie die Geschichtsforschung sind da keine Ausnahme. Diese Disziplinen, die sich mit der Erforschung menschlicher Zivilisationen und ihrer

Entwicklung über die Jahrhunderte befassen, profitieren zunehmend von den Möglichkeiten, die KI bietet. Durch die Analyse historischer Daten, das Dechiffrieren von Urkunden und das Verständnis alter Sprachen eröffnet KI neue Perspektiven und Erkenntnisse über vergangene Kulturen und Gesellschaften.

Datenanalyse und Mustererkennung

Eine der herausragendsten Fähigkeiten von KI ist die Verarbeitung und Analyse großer Datenmengen. In der Archäologie und Geschichtsforschung stehen Forschern oft riesige Mengen an Daten zur Verfügung, sei es in Form von Ausgrabungsberichten, historischen Dokumenten oder digitalen Datenbanken. KI-gestützte Algorithmen können diese Daten analysieren, um Muster und Zusammenhänge zu erkennen, die für das menschliche Auge möglicherweise nicht sofort ersichtlich sind.

Beispielsweise können maschinelles Lernen und Datenanalyse eingesetzt werden, um geographische Muster in archäologischen Funden zu identifizieren. Solche Analysen könnten dazu beitragen, Handelsrouten, Siedlungsmuster oder sogar die Wechselwirkungen zwischen verschiedenen Zivilisationen zu verstehen. Durch die Identifizierung von Mustern können Forscher Hypothesen aufstellen und gezielte Fragen zu den sozialen, politischen und wirtschaftlichen Strukturen vergangener Gesellschaften entwickeln.

Dechiffrierung von Urkunden in alten Sprachen
Ein weiterer spannender Anwendungsbereich von KI
in der Geschichtsforschung ist die Dechiffrierung von
Urkunden und alten Sprachen. Historische Dokumente, die in längst vergessenen Sprachen verfasst
wurden, sind oft schwierig zu interpretieren. KI kann
hier eine wertvolle Unterstützung bieten, indem sie
Muster in Texten erkennt und Vorschläge zur Über-
setzung macht.

Durch den Einsatz von *Natural Language Processing*
(NLP) können KI-Algorithmen trainiert werden, um
alte Sprachen zu verstehen und zu übersetzen. Dies
ermöglicht Historikern und Archäologen, Zugang zu
Informationen zu erhalten, die zuvor verborgen waren. Beispiele für solche Anwendungen sind die Ent-
zifferung von Keilschrifttexten oder ägyptischen Hie-
roglyphen, die Wissenschaftler vor Herausforderungen stellen. KI kann dabei helfen, diese Texte schneller und genauer zu entschlüsseln, was zu einem besseren Verständnis der jeweiligen Zivilisationen führt.

Virtuelle Rekonstruktion und 3D-Modellierung
KI spielt auch eine wichtige Rolle bei der virtuellen
Rekonstruktion von historischen Stätten und Artefak-
ten. Durch die Analyse von fotografischen und geo-
dätischen Daten können KI-gestützte Systeme 3D-
Modelle von archäologischen Stätten erstellen. Diese digitalen Rekonstruktionen ermöglichen es Forschern, historische Orte zu erkunden, ohne vor Ort
sein zu müssen. Darüber hinaus können sie auch zur
Ausbildung und Sensibilisierung der Öffentlichkeit

beitragen, indem sie das Interesse an archäologischen Funden und deren Kontext fördern.

Virtuelle Rekonstruktionen können auch dabei helfen, Hypothesen über die Architektur und das tägliche Leben in vergangenen Zivilisationen zu entwickeln. Forscher können verschiedene Szenarien simulieren, um zu verstehen, wie Menschen in bestimmten Umgebungen lebten und arbeiteten. Solche digitalen Modelle bieten nicht nur einen visuellen Zugang zur Geschichte, sondern auch eine Plattform für interdisziplinäre Zusammenarbeit zwischen Archäologen, Historikern und Informatikern.

Verbesserung der Forschungsprozesse

Die Integration von KI in die Archäologie und Geschichtsforschung verbessert nicht nur die Analyse historischer Daten, sondern auch die Effizienz der Forschungsprozesse. Automatisierte Systeme können Routineaufgaben übernehmen, wie die **Kategorisierung von Funden** oder die **Organisation von Daten**. Dies ermöglicht es Forschern, sich auf komplexere Fragestellungen zu konzentrieren und tiefere Einblicke in die Geschichte zu gewinnen.

Darüber hinaus können KI-gestützte Plattformen den Austausch von Informationen und die Zusammenarbeit zwischen Forschungseinrichtungen weltweit fördern. Datenbanken, die mithilfe von KI erstellt wurden, ermöglichen den Zugriff auf eine Fülle von Informationen, die für die Forschung von Bedeutung sind, und fördern so den interdisziplinären Dialog.

Die Anwendung von Künstlicher Intelligenz in der Archäologie und Geschichtsforschung eröffnet neue Wege zur Untersuchung und zum Verständnis vergangener Zivilisationen. Durch die *Analyse historischer Daten*, die *Dechiffrierung von alten Sprachen*, die *virtuelle Rekonstruktion von Stätten* und die *Verbesserung der Forschungsprozesse* können Wissenschaftler Erkenntnisse gewinnen, die zuvor unerreichbar waren. Während die Technologie weiterhin fortschreitet, wird erwartet, dass die Rolle von KI in diesen Disziplinen weiterwächst und das Verständnis unserer Geschichte revolutioniert. In einer Zeit, in der der Zugang zu Informationen entscheidend ist, wird die Kombination von KI und humanwissenschaftlicher Forschung dazu beitragen, die Geheimnisse der Vergangenheit zu entschlüsseln und unser Wissen über die menschliche Zivilisation zu erweitern.

KI in der Raumfahrtforschung

Künstliche Intelligenz (KI) hat sich in den letzten Jahren als Schlüsseltechnologie in zahlreichen Bereichen etabliert, darunter Raumfahrtforschung und Militärtechnologie. Diese beiden Disziplinen, die oft als Vorreiter technologischer Innovationen angesehen werden, profitieren erheblich von den Möglichkeiten, die KI bietet. Während die Raumfahrtforschung darauf abzielt, das Universum zu erkunden und neue Erkenntnisse über unseren Planeten und darüber hinaus zu gewinnen, konzentriert sich die Militärtechnologie auf die Entwicklung fortschrittlicher Systeme zur Verteidigung und Sicherheit.

KI in der Raumfahrtforschung

Die Raumfahrtforschung ist ein komplexes und multidisziplinäres Feld, das eine Vielzahl von Technologien und Verfahren erfordert. KI hat sich als unverzichtbar erwiesen, um die Effizienz und Sicherheit von Raumfahrtmissionen zu erhöhen. Zu den wichtigsten Anwendungen zählen:

Autonome Raumfahrzeuge: Mit der Entwicklung autonomer Raumfahrzeuge, wie dem *Mars-Rover Perseverance*, wird KI eingesetzt, um Entscheidungen in Echtzeit zu treffen. Diese Fahrzeuge müssen in der Lage sein, ihre Umgebung zu analysieren, Hindernisse zu erkennen und sicher zu navigieren, ohne auf kontinuierliche Anweisungen von der Erde angewiesen zu sein. KI-Algorithmen ermöglichen es den *Rovern*, autonom zu arbeiten und dabei wertvolle Daten zu sammeln.

Datenanalyse: Raumfahrtmissionen generieren enorme Mengen an Daten, sei es durch Bildmaterial von Planetenoberflächen oder durch Messungen von atmosphärischen Bedingungen. KI kann dabei helfen, diese Daten effizient zu analysieren und wertvolle Erkenntnisse zu gewinnen. Hier sind einige spezifische Möglichkeiten, wie KI in diesem Kontext eingesetzt werden kann:

Bildverarbeitung und Mustererkennung: KI-Algorithmen, insbesondere solche für maschinelles Lernen und Deep Learning, können verwendet werden, um *Bilddaten* von Raumsonden oder Satelliten zu *analysieren*. Diese Algorithmen können Muster erkennen, Merkmale identifizieren und sogar Anomalien in den Daten aufdecken, die auf interessante geologische oder atmosphärische Phänomene hinweisen.

Automatisierte Datenklassifizierung: Bei der Analyse von Bild- und Sensordaten kann KI helfen, verschiedene Elemente automatisch zu klassifizieren. Zum Beispiel könnte ein KI-gestütztes System automatisch Krater, Gesteinsarten oder andere geologische Strukturen auf einem Planeten identifizieren und katalogisieren, was die Arbeit der Wissenschaftler erheblich erleichtert.

KI kann auch verwendet werden, um **Vorhersagemodelle** zu erstellen, die auf historischen Daten basieren. Zum Beispiel könnte ein KI-Algorithmus entwickelt werden, um das Wetter auf einem anderen Planeten vorherzusagen oder die Wahrscheinlichkeit von Staubstürmen oder anderen atmosphärischen Ereignissen zu berechnen.

Datenfusion: Raumfahrtmissionen nutzen oft verschiedene Sensoren und Instrumente, die unterschiedliche Arten von Daten liefern. KI kann helfen, diese verschiedenen Datenquellen zu integrieren und ein umfassenderes Bild der Bedingungen und Prozesse auf einem Planeten zu erstellen.

Durch die Analyse von Daten aus früheren Missionen kann KI Vorschläge zur **Optimierung zukünftiger Missionen** machen. Dies könnte die Auswahl der besten Landeorte, die Planung von Experimenten oder die Anpassung der Missionsparameter umfassen, um die wissenschaftlichen Ergebnisse zu maximieren.

KI kann auch dabei helfen, neue und **unerwartete Phänomene** zu **entdecken**, indem sie große Datenmengen auf Anomalien oder Muster untersucht, die von menschlichen Analysten möglicherweise übersehen werden. Dies könnte zu bahnbrechenden Entdeckungen führen und unser Verständnis des Universums erweitern.

Insgesamt ermöglicht der Einsatz von KI in der Datenanalyse der Raumfahrtforschung eine effizientere Verarbeitung und Interpretation der riesigen Datenmengen, die durch moderne Missionen generiert werden. Dadurch können Wissenschaftler schneller zu wichtigen Erkenntnissen gelangen und die Grenzen unseres Wissens über das Universum weiter verschieben.

Streitgespräch
KI und Datingmöglichkeiten

Genoveva (Befürworterin von KI im Dating) und Pfarrer W. (Kritiker wg. der Missbrauchsgefahr)

Genoveva: Ich finde, dass Künstliche Intelligenz im Datingbereich eine großartige Möglichkeit bietet, um Menschen zusammenzubringen. Die Algorithmen können helfen, Partner zu finden, die wirklich zu einem passen. Es ist eine moderne Lösung für ein altes Problem!

Pfarrer W.: Ich verstehe deinen Enthusiasmus, Genoveva, aber ich habe ernsthafte Bedenken. Die Nutzung von KI im Dating kann dazu führen, dass Persönlichkeitsrechte verletzt werden. Wer garantiert, dass die Daten der Nutzer sicher sind und nicht missbraucht werden?

Genoveva: Aber das passiert doch auch in vielen anderen Bereichen! Die meisten Plattformen haben strenge Datenschutzrichtlinien. Außerdem können Nutzer selbst entscheiden, welche Informationen sie teilen möchten. KI kann helfen, die Suche effektiver zu gestalten, und das ist ein Vorteil!

Pfarrer W.: Das mag stimmen, aber es gibt eine dunkle Seite. Viele Menschen sind verletzlich und sehnen sich nach Gemeinschaft. Es gibt Plattformen, die diese Sehnsucht ausnutzen, um Menschen zu betrügen – sei es finanziell oder durch den Diebstahl ihrer Daten. Ich sehe das als eine Form der Ausbeutung.

Genoveva: Das ist ein wichtiger Punkt, aber das ist nicht die Schuld der Technologie selbst. Es liegt an den Menschen, die sie nutzen. KI kann auch dazu verwendet werden, um Betrug zu erkennen und zu verhindern. Wenn wir die Technologie richtig einsetzen, kann sie uns helfen und nicht schaden.

Pfarrer W.: Aber die Frage bleibt: Wer überwacht diesen Einsatz? Die Betreiber der Plattformen haben oft ein finanzielles Interesse daran, Nutzer zu gewinnen, und könnten versucht sein, ihre eigenen Interessen über die Sicherheit der Nutzer zu stellen. Es ist nicht nur eine Frage der Technologie, sondern auch der Ethik.

Genoveva: Das ist ein berechtigter Einwand, Pfarrer W. Dennoch denke ich, dass wir nicht pauschal gegen KI im Dating sind. Es gibt viele positive Beispiele, wo Menschen durch diese Technologien glücklich wurden. Wir sollten darauf hinarbeiten, die Systeme so zu gestalten, dass sie sicher und transparent sind.

Pfarrer W.: Ich stimme zu, dass es positive Aspekte gibt, aber wir müssen auch die Risiken ernst nehmen. Die Sehnsucht nach Liebe und Gemeinschaft ist ein tiefes menschliches Bedürfnis. Wir dürfen nicht zulassen, dass dies von skrupellosen Anbietern ausgenutzt wird. Es ist wichtig, dass wir uns für den Schutz der Menschen einsetzen.

Genoveva: Absolut, und ich glaube, dass wir durch Aufklärung und verantwortungsbewusste Nutzung von KI eine Balance finden können. Anstatt die

Technologie zu verteufeln, sollten wir Wege finden, sie verantwortungsvoll zu integrieren, um Menschen zu helfen, echte Verbindungen zu finden.

Pfarrer W.: Ich hoffe, dass du recht hast, Genoveva. Aber bis wir eine klare Regulierung und einen ethischen Rahmen haben, sollte jeder, der in diesen Bereich eintaucht, äußerst vorsichtig sein. Die menschlichen Beziehungen sind zu wertvoll, um sie leichtfertig zu riskieren.

Genoveva: Ich verstehe ihre Bedenken und teile den Wunsch nach Schutz. Lassen Sie uns gemeinsam dafür arbeiten, dass KI im Datingbereich verantwortungsvoll eingesetzt wird. Nur so können wir das Beste aus dieser Technologie herausholen.

Pfarrer W.: Etwas anderes können wir zurzeit ja auch nicht tun. Es ist wichtig, dass wir die Menschen an erste Stelle setzen und sicherstellen, dass ihre Rechte und Bedürfnisse respektiert werden.

KI, die Zukunft der sozialen Arbeit

Marcel saß an seinem Schreibtisch, umgeben von Stapeln von Akten, Notizen und dem leisen Summen seines Computers. Der Sozialarbeiter hatte in den letzten Jahren viel erlebt – von der Unterstützung von Familien in Not bis hin zur Hilfe für Obdachlose. Doch in letzter Zeit hatte er das Gefühl, dass er mehr tun könnte. Die Herausforderungen waren gewaltig, und die Ressourcen schienen immer knapper zu werden.

Während er durch die Akten blätterte, fiel sein Blick auf eine Zeitschrift über Künstliche Intelligenz. Ein Artikel über die Anwendung von KI in der sozialen Arbeit weckte sein Interesse. „Wie könnte ich KI nutzen, um meine Arbeit effektiver zu gestalten?", dachte er nachdenklich.

Marcel stellte sich vor, wie eine KI-gestützte Software ihm dabei helfen könnte, Bedürftige schneller zu identifizieren. Er wusste, dass all seine jugendlichen Kunden KI in unzähligen Spielen nutzten, die er auch kannte, warum sollte KI nicht auch auf andere nutzen.

In der Vergangenheit hatte er oft Stunden damit verbracht, Daten zu sammeln und zu analysieren, um festzustellen, welche Familien in seiner Gemeinde am dringendsten Hilfe benötigten. Mit einem KI-System könnte er möglicherweise Muster erkennen und gezielt auf die Menschen zugehen, die am meisten Unterstützung benötigten.

Er begann, einige Ideen zu skizzieren. Eine Anwendung, die die sozialen Medien und öffentliche Datensätze analysiert, könnte beispielsweise herausfinden, wo die höchsten Raten von Armut und Obdachlosigkeit in seiner Stadt lagen. Damit könnte er gezielte Kampagnen starten, um Hilfsangebote zu verbreiten.

„Und was ist mit der Bereitstellung von Ressourcen?", murmelte er vor sich hin. Ein weiteres Gedankenexperiment begann. Marcel stellte sich eine Plattform vor, auf der Hilfsorganisationen, Freiwillige und Bedürftige miteinander vernetzt werden könnten. Eine KI könnte den Bedarf analysieren und den Nutzern die am besten geeigneten Ressourcen vorschlagen – sei es eine Suppenküche, eine Unterkunft oder ein Beratungsangebot.

Marcel wusste, dass er auch seine Klienten besser unterstützen könnte. Eine KI könnte beispielsweise die Fortschritte seiner Klienten verfolgen und ihm helfen, die besten Ansätze zur Unterstützung zu finden. Sie könnte sogar personalisierte Empfehlungen geben, wie er auf spezifische Bedürfnisse eingehen könnte.

Sein Kopf war jetzt voller Ideen. Er dachte darüber nach, wie wichtig es wäre, die menschliche Komponente seiner Arbeit nicht zu verlieren. „Technologie kann unterstützen, aber sie darf niemals die zwischenmenschliche Verbindung ersetzen", erinnerte er sich an die Worte seines Mentors.

Marcel entschloss sich, ein Seminar zu besuchen, um mehr über KI-Anwendungen in sozialen Berufen zu erfahren. Er wollte mit anderen Fachleuten diskutieren und Ideen austauschen. Vielleicht würde er sogar einen Pilotversuch starten, um eine KI-gestützte Lösung in seiner eigenen Praxis zu testen.

Die Vorstellung, dass Technologie ihm helfen könnte, mehr Menschen zu erreichen und ihnen effektiver zu helfen, erfüllte ihn mit Hoffnung. In einer Welt, die sich ständig veränderte, wollte Marcel sicherstellen, dass er nicht nur ein Sozialarbeiter war, sondern auch ein Pionier in der Nutzung neuer Technologien für das Wohl seiner Gemeinschaft.

Mit einem neuen Ziel vor Augen machte er sich daran, seine Ideen weiterzuentwickeln und die ersten Schritte in eine Zukunft zu wagen, in der Künstliche Intelligenz und soziale Arbeit Hand in Hand gingen, um das Leben der Menschen zu verbessern.

Nachwort

Die vorliegende Sammlung von Möglichkeiten über die vielfältigen Anwendungen der KI in verschiedenen Lebensbereichen bietet einen umfassenden Überblick über die transformative Kraft dieser Technologie. In den letzten Jahren hat sich KI von einem rein theoretischen Konzept zu einem unverzichtbaren Werkzeug in vielen Sektoren entwickelt. Die dargestellten Kapitel verdeutlichen nicht nur die Innovationskraft von KI, sondern auch die Herausforderungen und ethischen Fragestellungen, die mit ihrem Einsatz verbunden sind.

In den Bereichen Bildung, Gesundheit, Wirtschaft und Umwelt zeigt sich, wie KI dazu beitragen kann, Prozesse zu optimieren, Ressourcen effizienter zu nutzen und die Lebensqualität der Menschen zu verbessern. Ob in der personalisierten Bildung, der automatisierten Diagnose in der Medizin oder der Verbesserung von Lieferketten – die Möglichkeiten sind schier endlos. Doch während wir die Vorteile von KI feiern, müssen wir auch die Verantwortung tragen, die mit dieser Technologie einhergeht. Die Fragen der Datensicherheit, der Privatsphäre und der ethischen Entscheidungsfindung sind von größter Bedeutung.

Die Zukunft der KI wird nicht nur durch technologische Fortschritte, sondern auch durch die Art und Weise bestimmt, wie wir als Gesellschaft mit diesen Herausforderungen umgehen. Es liegt an uns, einen verantwortungsvollen und ethischen Umgang mit KI zu fördern, um sicherzustellen, dass diese Technologie zum Wohle aller eingesetzt wird.

Darüber hinaus ist es wichtig, dass wir die Stimmen derjenigen hören, die von den Anwendungen der KI betroffen sind. Die Perspektiven der Nutzer, der Betroffenen und der Fachkräfte sind entscheidend, um die Technologie so zu gestalten, dass sie den tatsächlichen Bedürfnissen der Gesellschaft dient.

Dieses Buch soll nicht nur informieren, sondern auch zur Diskussion anregen. Es fordert uns auf, über die Grenzen der aktuellen Anwendungen hinauszudenken und neue Wege zu erkunden, wie KI in unserem Alltag integriert werden kann. Die Welt verändert sich schnell, und mit ihr auch die Technologien, die unser Leben prägen.

Lassen Sie uns mit KI auf die Reise gehen und gemeinsam dafür sorgen, dass Künstliche Intelligenz ein Werkzeug für positive Veränderungen bleibt – ein Mittel, um die Herausforderungen unserer Zeit anzugehen und eine nachhaltige, gerechte und innovative Zukunft zu gestalten. Johannes Simang

Anhang

KI-Systeme im Vergleich

ChatGPT und Deep Seek

ChatGPT und **Deep Seek** sind zwei unterschiedliche Anwendungen von Künstlicher Intelligenz, die jeweils verschiedene Funktionen und Ziele verfolgen. Hier sind die Hauptunterschiede zwischen den beiden:

ChatGPT

Typ: ChatGPT ist ein KI-gestützter Sprachmodell-Chatbot, der auf der GPT-Architektur (Generative Pre-trained Transformer) basiert. Es handelt sich um ein Modell, das entwickelt wurde, um menschenähnliche Texte zu generieren und in Konversationen zu interagieren.

Funktionalität: ChatGPT kann in einer Vielzahl von Anwendungen eingesetzt werden, darunter Kundenservice, persönliche Assistenz, kreative Schreibprojekte und Bildung. Es ist darauf ausgelegt, Fragen zu beantworten, Informationen bereitzustellen und Konversationen zu führen.

Zielgruppe: Die Zielgruppe umfasst sowohl Einzelpersonen, die Informationen suchen oder interaktive Gespräche führen möchten, als auch Unternehmen, die automatisierte Kommunikationslösungen benötigen.

Interaktivität: ChatGPT ist darauf ausgelegt, in Echtzeit mit Nutzern zu interagieren und Antworten auf deren Anfragen zu generieren. Es kann Kontexte verstehen und auf verschiedene Gesprächsstränge reagieren.

Deep Seek

Typ: Deep Seek ist eine Suchmaschine oder Plattform, die oft auf die Verarbeitung und Analyse von Daten spezialisiert ist. Es könnte sich hierbei um eine Lösung handeln, die fortschrittliche Algorithmen verwendet, um relevante Informationen aus großen Datenmengen zu extrahieren.

Funktionalität: Deep Seek konzentriert sich in der Regel auf die Suche und Analyse von Informationen, in speziellen Datenbanken oder für bestimmte Anwendungsfälle. Dadurch sind sie aus energetischer Sicht weit besser als ChatGPT. Deep Seek umfasst Funktionen wie Datenvisualisierung, Analyse von Trends oder das Auffinden von Mustern in Daten.

Die **Zielgruppe** könnte Unternehmen, Forscher oder Analysten umfassen, die große Datenmengen durchsuchen und analysieren müssen, um Erkenntnisse zu gewinnen oder Entscheidungen zu treffen.

Während Deep Seek auch **interaktive** Elemente hat, liegt der Schwerpunkt aber eher auf der Datenanalyse und -suche als auf der Konversation oder dem Dialog. Das ändert sich aber gerade. Man muss leider konstatieren, dass man zu wenig weiß, weil die Unternehmen in China viele Informationen verschleiern. Die Zukunft wird es an den Tag bringen.

Die Entwicklung eines deutschen KI-Systems ist ein wichtiges Thema, das in den letzten Jahren zunehmend an Bedeutung gewonnen hat. Angesichts der politischen und wirtschaftlichen Rahmenbedingungen, die anzusprechen sind, gibt es mehrere Initiativen in Deutschland und Europa, die darauf abzielen, eigene KI-Lösungen zu entwickeln und zu fördern.

Polit. Dimension und Sicherheitsbedenken

Souveränität und Datenschutz: Die Bedenken hinsichtlich der Nutzung amerikanischer oder chinesischer KI-Systeme sind insbesondere im Hinblick auf Datenschutz und Datensicherheit relevant. Eine Trump-Regierung dürfte in Europa die gleichen Bedenken wie eine chinesische KI hervorrufen.

In Europa gelten strenge Datenschutzgesetze, wie die Datenschutz-Grundverordnung (DSGVO). Ein deutsches bzw. europäisches KI-System könnte besser auf die spezifischen Anforderungen und Bedenken der europäischen Nutzer eingehen.

Die Sorge um **Wirtschaftsspionage** und den Missbrauch von KI-Technologien besonders durch China ist ein weiterer entscheidender Faktor. Ein einheimisches System könnte als sicherer angesehen werden, da es weniger wahrscheinlich wäre, dass es von ausländischen Akteuren manipuliert oder für nachteilige Zwecke verwendet wird.

Initiativen und Entwicklungen

In Deutschland gibt es zahlreiche **Forschungsprojekte** und Initiativen, die sich mit der Entwicklung von KI-Technologien beschäftigen. Institutionen wie das Deutsche Forschungszentrum für Künstliche Intelligenz (DFKI) und verschiedene Universitäten arbeiten an innovativen KI-Lösungen.

Förderprogramme: Die Bundesregierung hat verschiedene Förderprogramme ins Leben gerufen, um die Entwicklung von KI in Deutschland zu unterstützen. Im Rahmen der „Strategie Künstliche Intelligenz" werden Investitionen in Forschung, Entwicklung und Anwendung von KI-Technologien gefördert.

Europäische Zusammenarbeit

Auf europäischer Ebene gibt es Bestrebungen, eine gemeinsame KI-Strategie zu entwickeln, die europäische Werte und Standards in den Mittelpunkt stellt. Die EU möchte sicherstellen, dass KI ethisch, sicher und im Einklang mit den Rechten der Bürger entwickelt wird.

KI-Aktivitäten in Europa

Es gibt eine wachsende Zahl von **Start-ups** und **Unternehmen** in Deutschland, die sich auf KI-Technologien spezialisieren. Diese Unternehmen tragen zur Schaffung eines dynamischen Ökosystems bei, das innovative Lösungen hervorbringt.

Ein deutsches bzw. europäisches KI-System ist also nicht nur sinnvoll, sondern auch notwendig, um die

Herausforderungen und Bedenken, die mit ausländischen KI-Lösungen verbunden sind, anzugehen. Durch die Förderung von Forschung, Entwicklung und ethischen Standards kann Deutschland eine führende Rolle im Bereich der KI einnehmen und sicherstellen, dass diese Technologien im besten Interesse der Gesellschaft eingesetzt werden. Es bleibt abzuwarten, wie sich die Entwicklungen in den kommenden Jahren gestalten werden, aber die Grundlagen für ein starkes deutsches, bzw. europäisches KI-System sind bereits gelegt. Bisher war Deutschland und Europa wegen der hohen Forschungskosten, die in USA auf risikoreiche Privatinvestitionen beruhen, im Hintertreffen. Hinzukamen die hohen Energiekosten. DeepSeek hat gezeigt, dass sowohl die Forschungskosten, als auch die Energiekosten deutlich geringer ausfallen können. Damit ist Deutschland, aber auch Europa wieder im Spiel.

Es gibt mehrere Strat-Ups, prominente Forschungsgruppen und Labore in Europa, die sich mit KI beschäftigen. Beispiele (<u>staatlich finanziert</u>) sind:

DeepMind (London, UK) - Obwohl es ein Tochterunternehmen von Alphabet ist, führt DeepMind bedeutende Forschungsarbeiten im Bereich KI durch.

Facebook AI Research (FAIR) (London, UK) - Diese Abteilung von Meta (ehemals Facebook) widmet sich der Grundlagenforschung in der KI.

Max-Planck-Institut für Intelligente Systeme
(Stuttgart und Tübingen, Deutschland) - Diese Institution forscht an verschiedenen Aspekten der KI, einschließlich maschinellem Lernen und Robotik.

ETH Zürich (Schweiz) - Die Eidgenössische Technische Hochschule Zürich hat mehrere Forschungsgruppen, die sich mit KI und maschinellem Lernen befassen.

Universität Cambridge (UK) - Hier gibt es verschiedene Forschungsinitiativen im Bereich KI, insbesondere im Zusammenhang mit maschinellem Lernen und kognitiven Wissenschaften.

Universität Oxford (UK) - Die Oxford University hat mehrere Gruppen, die sich mit der ethischen und technischen Seite der KI beschäftigen.

Fraunhofer IAIS (Sankt Augustin, Deutschland) - Das Fraunhofer-Institut für Intelligente Analyse- und Informationssysteme arbeitet an angewandten KI-Lösungen.

Universität Amsterdam (Niederlande) - Hier gibt es bedeutende Forschungsarbeiten im Bereich maschinelles Lernen und KI.

DTU Compute (Technische Universität Dänemark) - Diese Institution hat Forschungsgruppen, die sich auf KI und Datenanalyse konzentrieren.

Imperial College London (UK) - Die Forschungsgruppe für maschinelles Lernen und KI gehört zu den führenden in Europa.

Diese Gruppen sind nur einige Beispiele aus einer Vielzahl von Forschungsinitiativen in Europa, die sich mit verschiedenen Aspekten der Künstlichen Intelligenz beschäftigen.

Private Forschungsgruppen und Unternehmen in Europa, die sich auf Anwendungen der Künstlichen Intelligenz spezialisiert haben und in diesem Bereich bemerkenswerte Fortschritte erzielt haben. Beispiele sind:

DeepMind (UK) - Neben Grundlagenforschung hat DeepMind auch Anwendungen in Bereichen wie *Gesundheit* (z.B. Vorhersage von Krankheiten) und *Spiele* (z.B. AlphaGo) entwickelt.

Graphcore (UK) - Dieses Unternehmen hat spezielle Hardware und Software für KI entwickelt und arbeitet an Anwendungen, die maschinelles Lernen in verschiedenen Sektoren vorantreiben.

Replika (UK) - Replika ist ein KI-gestützter virtueller Begleiter, der auf *Gespräche* und *emotionale Unterstützung* ausgelegt ist.

UiPath (Rumänien) - UiPath ist ein führendes Unternehmen im Bereich Robotic Process Automation (RPA), das KI nutzt, um *Geschäftsprozesse* zu automatisieren.

Zebra Medical Vision (Israel, mit europäischem Fokus) - Dieses Unternehmen nutzt KI zur *Analyse medizinischer Bilddaten* und zur Unterstützung bei der *Diagnosestellung*.

CureMetrix (Frankreich) - CureMetrix verwendet KI zur Verbesserung der Brustkrebserkennung in *Mammographien*.

Almotive (Ungarn) - Almotive entwickelt KI-Technologien für autonomes Fahren und hat verschiedene innovative Ansätze zur *Bildverarbeitung* und *Sensorfusion*.

Prowler.io (UK) - Dieses Unternehmen nutzt KI für Entscheidungsfindung in komplexen Umgebungen, insbesondere in den Bereichen *Finanzdienstleistungen* und *Logistik*.

Syntiant (UK) - Syntiant arbeitet an *energieeffizienten KI-Chips* für Edge-Computing-Anwendungen, insbesondere im Bereich der *Sprach- und Audioverarbeitung*.

Datarobot (UK) - Datarobot bietet eine Plattform für automatisiertes maschinelles Lernen an und hat sich auf Unternehmensanwendungen spezialisiert.

Diese Unternehmen sind nur eine Auswahl und zeigen, wie vielfältig die Anwendungen der Künstlichen Intelligenz sind, von Gesundheitslösungen bis hin zu Automatisierung und autonomen Systemen.

Europ. Anwendungen auf dem Markt

Aleph - Aleph ist bekannt für die Entwicklung von KI-Modellen, die sich auf natürliche *Sprachverarbeitung* (NLP) konzentrieren. Die Anwendungen umfassen typischerweise:

Textgenerierung: Aleph bietet Lösungen zur automatischen Erstellung von Texten, die in verschiedenen Kontexten eingesetzt werden können, von Marketing bis hin zu Content-Erstellung.

Konversations-KI: Aleph entwickelt *Chatbots* und virtuelle Assistenten, die menschliche Interaktionen simulieren und in *Kundenservice*-Anwendungen integriert werden können.

Datenanalyse: Aleph nutzt KI, um große Mengen an *Textdaten zu analysieren* und wertvolle Einblicke zu gewinnen, die Unternehmen bei der Entscheidungsfindung unterstützen.

Sprachverständnis: Die Modelle von Aleph sind darauf ausgelegt, komplexe *Sprachstrukturen* zu verstehen und *kontextbezogene Antworten* zu generieren.

Mistral - Mistral ist ein weiteres Unternehmen, das sich auf die Entwicklung von KI-Modellen spezialisiert hat, insbesondere im Bereich der offenen und skalierbaren *Sprachmodelle*. Ihre Anwendungen umfassen:

Open-Source-Sprachmodelle: Mistral hat sich auf die Bereitstellung von offenen KI-Modellen konzentriert, die von der Forschungsgemeinschaft und Unternehmen genutzt werden können, um maßgeschneiderte Lösungen zu entwickeln.

Anpassbare KI-Lösungen: Mistral bietet die Möglichkeit, KI-Modelle anzupassen, um spezifische

Anforderungen in verschiedenen Branchen zu erfüllen, sei es im *Gesundheitswesen*, in der *Finanzbranche* oder in der *Kundeninteraktion*.

Effiziente Berechnungen: Mistral entwickelt Modelle, die sowohl in der Leistung als auch in der *Energieeffizienz* optimiert sind, was sie für den Einsatz in Edge-Computing-Anwendungen geeignet macht.

Integration in bestehende Systeme: Die Lösungen von Mistral sind darauf ausgelegt, sich nahtlos in bestehende Software- und Systemarchitekturen zu integrieren, was die Implementierung erleichtert.

Weitere **europäische Unternehmen und Forschungsgruppen und Start-Ups**, die ähnliche Technologien und Anwendungen wie Aleph und Mistral im Bereich der Künstlichen Intelligenz, insbesondere in der natürlichen *Sprachverarbeitung* (NLP) und *maschinellem Lernen*, entwickeln. Beispiele sind:

Hugging Face (Frankreich) - Hugging Face ist bekannt für seine *Open-Source-Bibliothek „Transformers"*, die eine Vielzahl von vortrainierten Modellen für NLP-Anwendungen bereitstellt. Das Unternehmen fördert die Entwicklung von KI-Modellen und hat eine starke Community, die sich auf die Verbesserung und Anpassung von *Sprachmodellen* konzentriert.

German AI (Deutschland) - German AI bietet KI-Lösungen für die Verarbeitung natürlicher *Sprache*, einschließlich *Textanalyse* und *automatischer Text-generierung*, die auf die Bedürfnisse deutscher Unternehmen zugeschnitten sind.

Rasa (Deutschland) - Rasa ist eine Open-Source-Plattform für den Aufbau von konversationalen KI-Anwendungen. Sie ermöglicht es Entwicklern, Chatbots und *Sprachassistenten* zu erstellen, die auf maschinellem Lernen basieren und sich an spezifische Anforderungen anpassen lassen.

Aylien (Irland) - Aylien bietet eine Plattform für *Textanalyse und -verarbeitung*, die KI-gestützte APIs für Aufgaben wie *Sentiment-Analyse*, *Named Entity Recognition* und andere NLP-Funktionalitäten bereitstellt.

Syllable (Niederlande) - Syllable entwickelt KI-gestützte Lösungen zur Verbesserung der automatischen *Sprachverarbeitung*. Ihre Technologien werden in verschiedenen Anwendungen eingesetzt, darunter *Chatbots* und *digitale Assistenten*.

Zalando Research (Deutschland) - Zalando hat ein Forschungsteam, das sich mit maschinellem Lernen und NLP beschäftigt, um *personalisierte Einkaufserlebnisse* zu schaffen und die *Kundeninteraktion* zu verbessern.

Cohere (Niederlande) - Cohere bietet eine API für natürliche Sprachverarbeitung, die es Entwicklern ermöglicht, KI-Modelle für *Textgenerierung*, *-klassifizierung* und *-analyse* zu nutzen.

DeepL (Deutschland) - DeepL ist bekannt für seinen Übersetzungsdienst, der KI-gestützte *Übersetzungen* in hoher Qualität bietet. Das Unternehmen entwickelt auch Technologien zur Verbesserung der *Textverarbeitung* und *-analyse*.

Syntactic (Vereinigtes Königreich) - Syntactic bietet KI-gestützte Lösungen zur Verarbeitung und Analyse von *Textdaten*, die in verschiedenen Branchen eingesetzt werden können, von *Marketing* bis hin zu *Recht* und *Finanzen*.

Diese Unternehmen und Forschungsgruppen sind Beispiele für die lebendige KI-Landschaft in Europa, die sich intensiv mit der Entwicklung von Sprachmodellen und KI-Anwendungen beschäftigt.

Diese Aufzählung erhebt keinen Anspruch auf Vollständigkeit. Vor allem, da seit dem KI-Kongress in Paris eine Welle neuer Start-Ups entstehen werden. Deutschland und Europa entwickeln sich zu einer stärker werdenden Konkurrenz für Chat AI (zu teuer) und DeepSeek (politisch unsicher). Das ist die gute Nachricht für die Nutzende in aller Welt, die auf Fortschritt unter ethischen Bedingungen erhoffen. In Europa entsteht KI-Anwendung für einzelne Menschen und Unternehmen, die eine demokratische Gesinnung haben – die Parteidiktatur in China und das autokratisch geführte Amerika unter Präsident Trump stehen nicht dafür. Sie schützen nicht vor Missbrauch durch KI, wenn sie nicht selbst daran beteiligt sind. Europa lässt auf einen sicheren Einsatz von KI hoffen und empfiehlt sich für hiesige Nutzende.